COMO FAZER AMIGOS & INFLUENCIAR OS LUCROS

David Kean
Chris Cowpe

COMO FAZER AMIGOS & INFLUENCIAR OS LUCROS

Tradução
Renato Motta

best.
business

CIP-BRASIL. CATALOGAÇÃO-NA-FONTE
SINDICATO NACIONAL DOS EDITORES DE LIVROS, RJ.

Kean, David
K33c Como fazer amigos e influenciar lucros: a arte de conquistar mais negócios a partir dos clientes atuais / David Kean & Chris Cowpe; tradução: Renato Motta. – Rio de Janeiro: Best Business, 2011.

Tradução de: How to Win Friends and Influence Profits
ISBN 978-85-7684-394-8

1. Clientes - Contatos. 2. Clientes - Fidelização. 3. Satisfação do consumidor. 4. Profissões - Desenvolvimento. 5. Lucros. I. Cowpe, Chris. II. Título.

10-6141 CDD: 658.812
CDU: 658.814

Texto revisado segundo o novo Acordo Ortográfico da Língua Portuguesa.

Título original inglês:
HOW TO WIN FRIENDS AND INFLUENCE PROFITS

Publicado mediante acordo com Marshall Cavendish Limited

Capa: Sense Design
Editoração eletrônica: Abreu's System

Direitos exclusivos de publicação em língua portuguesa
para o Brasil reservados pela
EDITORA BEST SELLER LTDA.
Rua Argentina, 171, parte, São Cristóvão
Rio de Janeiro, RJ – 20921-380

Impresso no Brasil

ISBN 978-85-7684-394-8

Seja um leitor preferencial Record.
Cadastre-se e receba informações sobre nossos lançamentos e nossas promoções.

Atendimento e venda direta ao leitor:
mdireto@record.com.br ou (21) 2585-2002

Agradecimentos

Há quatro grupos de pessoas às quais gostaríamos de agradecer com um gigantesco "muito obrigado". Em primeiro lugar, nossos clientes – todos eles, tanto os antigos quanto os novos. Este livro aborda tópicos que aprendemos por trabalhar com vocês. Em segundo lugar, nossos colegas ao longo dos anos, que sempre foram muito liberais sobre as visões pessoais em relação ao que funciona e o que não funciona nessa área. Este livro usa boa parte da sua sabedoria e experiência. Em terceiro lugar, gostaríamos de agradecer aos advogados, banqueiros, arquitetos, profissionais de marketing, auditores, contadores e outros profissionais que muito gentilmente nos permitiram citar suas experiências particulares nas apresentações de nossos casos. Este livro deve muito de sua praticidade do tipo "pé no chão" às experiências e tribulações dessas pessoas generosas. Por fim, agradecemos a todos os nossos amigos que leram o manuscrito, nos incentivaram ao longo do caminho e tornaram o livro incrivelmente melhor com suas opiniões e sugestões.

Dedicatória

Dedicamos este livro a Dale Carnegie, pois ele escreveu o melhor texto sobre a prática de negócios de todos os tempos. Na verdade, todos os livros sobre negócios não passam de uma nota de rodapé perto do seu grandioso *Como fazer amigos e influenciar pessoas*. Nosso livro segue sua filosofia, pelo menos é o que esperamos, e escolhemos o título como forma de homenagear o grande mestre. Confessamos que havíamos pensado em um título mais comercial, seguindo a linha do "direto ao assunto", que nos caracteriza. O título seria *Como aumentar os ganhos a partir dos seus clientes atuais*, e acreditamos que ele aprovaria a abordagem objetiva embutida nesse título.

De modo semelhante a nós, Carnegie escreveu um "livro de ação" – planejado para oferecer às pessoas ideias que poderiam colocar em prática de imediato. Esperamos que este livro estimule o leitor a agir, a fim de desenvolver relacionamentos mais fortes e profundos com seus clientes.

Tudo o que está apresentado neste livro baseou-se em experiências reais, bem como em nossa própria experiência na área de organizações prestadoras de serviços profissionais nos últimos 30 anos, aprendendo com os outros e falando com o maior número possível de pessoas a respeito de nossas ideias, de nossas hipóteses e soluções. Torcemos para que você considere este livro estimulante. Tão estimulante a ponto de usá-lo no dia a dia!

Sumário

Definições

Usamos duas frases ao longo de todo o livro e queremos defini-las desde já:

Crescimento interno: significa os compromissos, contratos e autorizações adicionais e, portanto, lucros e honorários que uma empresa prestadora de serviços consegue obter a partir dos clientes preexistentes. Essa noção, muitas vezes, é chamada de cultivo ou venda cruzada. Portanto, exclui crescimento por meio, digamos, de fusões, aquisições ou engenharia financeira. Nós estabelecemos, especificamente, uma distinção entre o crescimento interno e o que chamamos de negócio novo – ou seja, compromissos obtidos junto a clientes com os quais determinada empresa de prestação de serviços não tem nenhum relacionamento, antigo ou recente.

Cliente preexistente: para nós, um cliente significa tanto uma empresa quanto um relacionamento individual, e usamos o termo nos dois sentidos. Existem relacionamentos incrivelmente fortes entre entidades corporativas e seus associados na área de prestação de serviços. Do mesmo modo, também existem relações intensas entre indivíduos dentro de organizações e, às vezes, entre indivíduos e organizações.

Reconhecemos, contudo, que o termo "cliente preexistente" tem certo grau de ambiguidade. Costumamos usar uma fórmula simples que nos ajuda a definir o que é um "cliente preexistente":

Frequência x importância x intensidade de relacionamento x contato = cliente preexistente

Se você está trabalhando hoje com determinado cliente em um projeto de imensa importância para ele ou para a companhia dele, em um nível de intimidade em que confidências pessoais ou corporativas são trocadas, e está em contato constante e pessoal com ele, esse é, *sem sombra de dúvida*, um cliente preexistente! Modifique qualquer um desses parâmetros e você precisará ser seu próprio juiz na hora de avaliar se seu relacionamento pode ou não ser considerado preexistente.

CAPÍTULO 1
Levando o crescimento interno a sério

A maioria das companhias dedica uma quantidade imensa de energia, tempo e recursos para conseguir novos clientes ou comprar outras empresas, na incansável busca por ampliar e satisfazer as exigências dos acionistas e investidores. As fusões, as aquisições de novas empresas e a conquista de novos clientes são a chave do cofre no mundo dos negócios: elas são empolgantes, dinâmicas e de forte apelo. Em comparação a essa exuberância, a taxa de crescimento da receita de uma empresa a partir dos clientes preexistentes tende a ser ofuscada pelas irmãs mais glamourosas – as fusões e aquisições. No entanto, observamos algo interessante: todos os estudos e levantamentos realizados dentro das empresas prestadoras de serviços e de consultoria mostram que as companhias que crescem internamente oferecem um retorno aos acionistas muito maior do que as que crescem por meio de fusões e aquisições.

A primeira parte deste livro explica por que já está mais do que na hora de as consultorias levarem a sério a questão do crescimento interno. Ressaltamos a forma como o universo corporativo se comporta no mundo real. Todo mundo fala sem parar da necessidade de crescimento interno, mas nunca há um compromisso organizacional que faça esse crescimento acontecer *de verdade*. Com relação a isso, queremos lembrar a verdade fundamental no mundo dos negócios, tomando emprestada a famosa frase de Bill Clinton: "O que importa são os clientes, seu burro!" (com pedido de desculpas ao ex-presidente por citá-lo dessa maneira).

1

Crescimento interno: descobrindo a Cinderela em todas as prestadoras de serviços

A palavra de ordem para qualquer organização empresarial é crescimento. Crescimento com lucros. Esse crescimento pode ser alcançado de diferentes maneiras: por meio da compra ou da fusão com outra empresa, conquistando novos clientes ou novos negócios a partir dos clientes preexistentes. Mas nem todo crescimento é obtido da mesma maneira (ao menos pela ótica do mercado de ações). O crescimento interno sustentável e com lucratividade de alto nível é o mais valioso e o mais recompensador deles, na visão do mercado.

Um estudo sobre a indústria de seguros de vida, realizado pela Deloitte Consulting LLP, analisou o desempenho das receitas e o retorno dos acionistas das maiores companhias do setor entre 2001 e 2005. As companhias que alcançaram um bom crescimento interno promoveram lucros muito maiores para os acionistas do que as que haviam crescido por meio de aquisições, mesmo nos casos em que o crescimento dos lucros parecia menor dos que o dos concorrentes movidos a aquisições. Obteve-se um retorno que chegava à casa dos 11% para os acionistas de empresas com crescimento interno – acima da média de 7% do setor. Enquanto isso, as companhias movidas à base de aquisições e fusões propiciaram um retorno negativo para seus acionistas – e bem abaixo da média.

Cada vez mais o crescimento interno é visto como um propulsor vital para o desempenho dos negócios em muitas organizações prestadoras de serviços e de consultoria. A quantidade de estudos a esse respeito que foram apresentados nos últimos anos demonstra isso. É o caso do Índice de Crescimento Interno para Instituições Financeiras, apresentado em 2005 pela A. T. Kearney, empresa de consultoria em gerenciamento, que afirmou: "Para que seus acionistas obtenham sucesso, as instituições financeiras precisam alcançar índices de crescimento interno, no mínimo, de 6% a 8% ao ano." Na mesma linha, o Levantamento para Consultores sobre Parâmetros Comparativos na Área Financeira, realizado pela Rydex Investment's em 2006, demonstrou que as empresas de consultoria com melhor desempenho produziram uma taxa de lucro por cliente quase quatro vezes maior do que a média das empresas do setor. O levantamento também mostrou disparidade com relação à perda de clientes por ano nas empresas de melhor desempenho (3%) contra uma média de perdas de 15% nas empresas de menos sucesso.

O mesmo estudo revela ainda que apenas 34% das consultorias financeiras avaliadas acreditavam que manter um cliente e tentar ampliar o relacionamento com ele eram medidas importantes para avaliar seu desempenho nos negócios. Apesar da importância crucial do crescimento interno, esse conceito ainda não está tão claro para os profissionais quanto deveria estar.

Trabalhamos na área de serviços e consultoria há muito tempo. E isso nos faz pensar que já estava na hora de haver no mercado um livro simples, direto e prático sobre esses conceitos e as corporações que obtiveram sucesso utilizando, para isso, a alavancagem dos clientes preexistentes.

Este livro tem como público-alvo banqueiros especializados em investimentos, advogados, arquitetos, contadores, agências de publicidade, conselheiros, analistas financeiros e consultores de negócios. Na verdade, porém, ele serve para qualquer empresa que já tenha uma carteira de clientes e busque uma oportunidade para crescer a partir desses clientes preexistentes. Embora o crescimento interno seja um propulsor fundamental para a lucratividade das empresas, há pouquíssimos livros ou guias de orientação sobre o assunto, e praticamente nenhum apresenta estudos caso a caso. Nosso objetivo é esclarecer essa questão importante e tantas vezes negligenciada.

> Por que é tão importante, em termos de lucratividade das empresas, estabelecer margens de lucro e prever o crescimento futuro?

> Por que esse assunto é negligenciado, muitas vezes devido a uma visão curta, ao ego, aos problemas do dia a dia e à atratividade que os novos negócios representam?

> Como as empresas e pessoas podem tornar-se responsáveis por uma abordagem mais sistemática, a fim de desenvolver alguns atributos essenciais, liberar todo o potencial do crescimento interno e alcançar grande vantagem em termos de competitividade?

Embora o livro seja voltado para os profissionais do setor, escolhemos, deliberadamente, uma ampla variedade de exemplos do dia a dia que ilustram como os praticantes dedicados do crescimento interno, em várias áreas, atingem resultados espetaculares. Utilizamos as experiências de empresas prestadoras de serviços e de pessoas admiráveis em vários setores e negócios, até mesmo de quitandeiros!

Se você acha que há um limite para o que pode ser aprendido com o humilde dono do armarinho, da quitanda ou do hortifrutigranjeiro da esquina, lembre-se de que eles têm o hábito marcante de serem espantosamente bem-sucedidos. Veja o exemplo da Tesco, uma das maiores redes varejistas britânicas, e também a Marks and Spencer e a Sainsbury. Todos eles podem servir de modelo a ser seguido. Na verdade, algumas das habilidades que encontramos nos pequenos comerciantes continuam valendo para as organizações gigantescas. A Tesco defende os preços baixos sem abrir mão da qualidade, e introduziu no mercado uma série de produtos que tornaram as compras semanais estimulantes e recompensadoras, e fazem de tudo para estar sempre perto do cliente. Seja nas lojas fora da sua cidade, na rua mais movimentada ou pertinho da sua casa, a Tesco conhece você e os outros milhões de clientes de forma íntima, por intermédio do seu ClubCard, e resume sua filosofia de vender em três palavras poderosas: "Qualquer coisinha ajuda."

Pequenos comerciantes, quitandeiros e feirantes utilizam as habilidades comerciais sobre as quais falaremos neste livro e as passam de pai para filho e de mãe para filha ao longo de gerações. Por que fazem isso? Porque essas habilidades no trato com as pessoas fazem florescer os relacionamentos com os clientes preexistentes, fazem as vendas deslancharem e aumentam os lucros mais depressa do que qualquer outra habilidade que você possa adquirir. Essas pessoas merecem ser analisadas, e vamos começar pela análise do feirante.

O feirante

Vamos começar do básico e imaginar um vendedor de frutas e verduras em uma feira livre. Ele sabe o segredo para fazer seus clientes voltarem sempre? Certamente que sim! Para começar, ele vai mostrar aos clientes que está ali, vai fazer propaganda sobre a qualidade de seus produtos e apregoar seus preços imbatíveis, gritando tudo isso para os passantes em altos brados. Ele torna a experiência de comprar com ele divertida, vivaz e bem-humorada. Comprar na feira é sempre uma experiência cheia de alegria. O feirante usa analogias para transmitir a você o quanto o produto dele é maravilhoso. Tudo o que ele vende está exposto com capricho, exibe uma excelente aparência; os produtos parecem brilhantes e bem-apresentados. Estarão devidamente identificados e sempre haverá alguma oferta imperdível de algum item em particular que fará o cliente parar diante da barraca.

A partir da apresentação feita é estabelecida a ligação com o cliente, a próxima etapa é incentivá-lo a interagir com o produto: tocar, cheirar e sentir a mercadoria. Ele está atraindo você, criando um laço e um compromisso, usando como isca seu apetite e seu senso de obrigação. Ele vai entabular uma conversa direta com você e o convencerá a provar uma de suas suculentas uvas sem semente, recém-chegadas do vinhedo. Você se aproxima um pouco mais, obviamente atraído. Ele lhe fará algumas perguntas: o que o freguês procura? Você procura por maçãs.

"Maçãs vermelhas, verdes, para culinária, orgânicas, grandes, pequenas?", ele pergunta.

"Maçãs orgânicas, por favor", você responde.

E você acaba comprando algumas maçãs. Leva as orgânicas e outras, menores, do tipo comum.

E você vai embora apenas com uma sacola de maçãs? De jeito nenhum! Ele vai convencê-lo a provar uma fatia de kiwi ou sentir nas mãos as laranjas de Sevilha, pesadíssimas, devido ao excesso de sumo. Repare como ele utiliza uma linguagem evocativa para agregar valor às mercadorias que vende. As laranjas de Sevilha são incomparáveis, as melhores do mundo, por serem as mais suculentas; as incomparáveis peras sul-africanas são deliciosas; ele tem uvas orgânicas e sem sementes da Cidade do Cabo, além das tâmaras do Líbano, país que cultiva as melhores tâmaras do planeta. E você sai comprando. Acaba indo embora com duas ou três vezes mais frutas do que pretendia adquirir.

Você vai se sentir mal após esse ataque deliberado ao seu bolso? Nem um pouco! Afinal, além de comprar produtos excelentes, você passou cinco minutos divertidíssimos e curtiu uma conversa espirituosa e educativa na qual, provavelmente, recebeu dicas de receitas para estimular sua criatividade no uso das frutas, ou algo assim. Além disso, levará uma pequena história para contar, o que representa um minievento dentro da sua rotina diária.

E você vai voltar lá na semana que vem? Claro que vai! Porque ele forneceu todos os ingredientes necessários para uma relação enriquecedora para você e lucrativa para ele. E quanto mais você voltar, mais ele descobrirá a respeito da sua família, das coisas que você gosta e das que você não gosta. Ele conseguirá esticar cada vez mais seus cinco minutos semanais, até eles se tornarem dez ou mais. No fim, você vai ficar genuinamente ansioso, à espera daquele momento agradável com o feirante. E tudo o que você queria era uma maçã.

O que podemos aprender com tudo isso? Assim como a maior parte das empresas de consultoria que oferece esses serviços, o feirante não sabe muito sobre os clientes no primeiro contato. Porém, por meio de uma curiosidade discreta e de um pouco de bate-papo, ele colhe algumas informações valiosas – *sempre com o intuito de ajudar melhor seus clientes*. Ele direciona o "freguês" por meio de uma variedade imensa de produtos que oferece. Deixa você experimentar ou testar alguma coisa, sem custo algum. Assegura-se de que esse breve contato será inesquecível pelos motivos certos. E vai fazer de tudo para que você vá embora para casa com um sorriso nos lábios, depois de ter ajudado a iluminar um pouco seu dia. Toda semana, ele terá alguma coisa ou produto novo para mostrar. Ele vai se lembrar do que você comprou da última vez em que esteve lá e vai perguntar com franco interesse se os conselhos dele foram seguidos ("A senhora preparou aquele pudim de frutas?") e vai querer saber se você apreciou as dicas. Sempre haverá interesse em você e no que você tem a dizer.

Você, por sua vez, se tornará um cliente fiel para ele. Não apenas isso; você poderá também recomendá-lo para todos os seus amigos e vizinhos, elogiando a barraca de seu novo amigo e ampliando a clientela do feirante por meio de seus depoimentos, testemunhos e orientações. Você se tornará uma espécie de garoto-propaganda do comerciante. Não será pago por isso, mas não vai se ressentir nem um pouco. Porque aquele feirante se tornou uma pessoa de confiança, parte do seu dia a dia, uma pessoa com a qual você passa momentos agradáveis e com quem você se sente feliz por conversar e dividir um pouco do seu tempo.

Crescimento interno é simples. Há muitos bons exemplos para isso à nossa volta; temos apenas de manter olhos, ouvidos e mentes abertos!

2

Por que o crescimento interno é tão precioso?

A maioria dos profissionais que trabalha na área de consultoria sabe e acredita, por intuição, que expandir sua base de negócios com os clientes preexistentes é desejável. Certamente, eles não irão argumentar contra isso. Mas é de vital importância que esse fator não seja apenas "desejável", mas também o foco principal para entender e aplicar com clareza o conceito de crescimento interno. Se não houver uma avaliação desse tema com o valor que lhe é devido, a crença no conceito vai ficar confusa, com pouco compromisso e ações vagas e imprecisas. Conhecer faz as pessoas acreditarem – e quando elas acreditam, agem.

O argumento básico para o crescimento interno é a lucratividade (e o que poderia ser mais básico que dinheiro?). Além disso, há um alto índice de novos negócios criados a partir de clientes preexistentes. As novas receitas provenientes desses clientes preexistentes reduzem drasticamente os gastos da empresa para conseguir novos clientes.

Há algumas razões para que isso aconteça, todas baseadas no bom-senso:

> Equipes já montadas estão sempre a postos, com grande capacidade de absorver algumas ou até mesmo todas as mudanças na

carga de trabalho, apesar dos protestos do tipo "todo mundo está ocupado demais para acumular mais trabalho". Na realidade, mais pessoas *podem* fazer mais se for dada essa oportunidade.

> Se você precisar de novos membros na equipe, é aceitável (e até aconselhável) contratar funcionários novos para lidar com um cliente que tenha um relacionamento já estabelecido com sua empresa. Isso é possível porque já existe uma relação de confiança entre a empresa e o cliente, o que permite aos jovens profissionais que eles cresçam na nova função. Por fim, é aconselhável, porque toda empresa de consultoria deve oferecer novas oportunidades a seus empregados.

> O investimento inicial associado aos relacionamentos com novos clientes é algo que devora tempo e recursos, à medida que a equipe vai acelerando para acompanhar os negócios, o mercado do cliente e seu *modus operandi*. Prestar serviços extras para um cliente novo nos primeiros meses também é obrigatório e muito importante. Pode representar a construção de uma parceria de longo prazo, embora, sem sombra de dúvida, isso se revele muito caro.

> Supondo que já exista uma relação com o cliente, muitas vezes os novos contratos que geram crescimento interno não são competitivos; considerando que as chances de conquistar um novo cliente sejam, no máximo, de 25% – e, às vezes, menos que isso –, existe mais probabilidade de o negócio se realizar com um cliente antigo.

> Boa parte das incertezas que aparecem com um novo cliente pode ser resolvida de forma direta e rápida. Por exemplo, algumas tarefas com novos clientes às vezes falham na hora de concretizar aquilo que foi planejado e, com isso, vão sofrendo um processo de desgaste progressivo, sem que qualquer dos lados admita abertamente que a "terra prometida" era, na verdade, uma miragem. Isso é mais difícil de acontecer ou pode ser resolvido de maneira mais rápida quando já existe uma relação de confiança entre as duas partes.

Em geral, há motivos fortes e convincentes para afirmar que o crescimento interno sai mais em conta, para prestadores de serviços ou de consultoria, na maior parte das vezes, em comparação com a obtenção de um novo cliente ou negócio.

Existem outras razões importantes pelas quais o crescimento interno é de grande valia para a prosperidade futura de todas as empresas prestadoras de serviço.

1. Ampliar os negócios com clientes preexistentes assegura a capacidade de sua empresa, diante de todos os atuais e futuros interessados – clientes, empregados, acionistas –, quanto às habilidades da companhia. Se você fosse um cliente em busca de uma empresa de consultoria e visitasse alguns consultores para ajudá-lo a decidir qual negócio escolher, o que lhe causaria maior impacto?

Empresa ABC, que, como credenciais, utiliza o fato de ter ganhado 75% das concorrências para novos negócios dos quais participou no último ano (ou que mantém escritórios em 75% das cidades conhecidas no mundo ou que tem um quadro em que 75% dos empregados têm diploma, ou 75% de qualquer coisa desse tipo)?

Empresa XYZ, que obteve negócios adicionais com 75% dos clientes que já tinha no último ano?

A empresa XYZ vai ganhar facilmente.

É muito mais convincente e passa mais confiança aos clientes em potencial saber que sua empresa está sendo recompensada por aqueles que já conhecem seu trabalho. O elogio mais agradável que você pode receber de um cliente é mais uma fatia do bolo. É a maior prova de que eles acreditam em você e que você está fazendo um bom trabalho.

É também uma poderosa recompensa para os empregados da empresa. Significa que sua perícia e seus conselhos foram dignos de um bom retorno, representado por novos contratos assinados pelo cliente satisfeito.

2. Crescimento interno bem-sucedido indica que você tem uma relação ampla e profunda com o cliente, incrementando, dessa forma, o contato das partes que compõem essa parceria. Você, agora, tem dois vínculos, e não apenas um; três vínculos, e não apenas dois. E essas interdependências amplificadas provam que você foi capaz de dar conselhos mais seguros e recomendações melhores com maior amplitude. Significa que você tem uma relação mais profunda e de crescimento com a empresa, conseguiu mais clientes individuais e, por conseguinte, adquiriu maior maestria no gerenciamento de seu negócio. Temos aqui uma situação de ganho mútuo verdadeiro. Seus clientes têm os melhores conselhos, pois você é capaz de ver e entender melhor seus negócios. Você, consequentemente, colhe os benefícios de aumentar seus rendimentos e ganha mais lealdade.

3. Crescimento interno significa ser proativo. Toda empresa precisa de clientes a fim de prosperar. E toda empresa tem concorrentes tentando atraí-los. Este livro apresenta algumas das formas mais seguras de aumentar a resistência de seu negócio contra a debandada de clientes. Estar atento às necessidades deles, oferecer ideias, ajudar a mudar ou a melhorar os processos são exatamente as coisas que os consumidores desejam de seus consultores. Lembre-se de que, se você não estiver fornecendo tudo isso, alguém o fará.

4. Por último, sem crescimento interno em sua empresa o valor dos ganhos advindos de muitos de seus novos negócios diminui drasticamente. A maior parte das empresas de serviços fará negócios com clientes pequenos, que muitas vezes trazem pouco retorno, *desde que* acreditem que conquistar esse contrato servirá para abrir a porta para negócios mais lucrativos no futuro.

Você vai reconhecer este raciocínio:

"Tudo bem, eu sei que esse projeto vai nos render apenas US$ 100 mil; sei também que ele pode até nos dar prejuízo, no curto prazo. Mas essa é uma visão muito estreita da situação, em comparação com o que a abertura dessa porta poderá significar para nós no futuro. Essa empresa gasta US$ 10 milhões por ano contratando o tipo de serviço que nós fornecemos. Portanto, esse é o valor real do projeto que estamos desenvolvendo. Então, vamos em frente!"

É claro que quando o raciocínio é apresentado dessa forma a empresa dobra seus esforços – e também seu tempo, dinheiro e comprometimento do pessoal do alto escalão – para conseguir não os US$ 100 mil do contrato inicial, mas o valor teoricamente 100 vezes maior, que está adiante.

A lógica dessa abordagem é impecável. Pequenos projetos podem abrir, e realmente abrem, as portas para outros, maiores; se for esse o caso, vale a pena empregar recursos proporcionalmente mais elevados no momento da apresentação inicial. Mas isso só é válido se a empresa apresentar uma estratégia bem-sucedida e poderosa, com probabilidades de liberar parte desses US$ 10 milhões. Do contrário, toda a linha de raciocínio não passa de perda de tempo. O valor dos eventuais ganhos com novos negócios só poderá ser calculado se houver uma boa estratégia de crescimento interno à vista.

Estudos de caso: uma nota explicativa

Incluímos aqui exemplos específicos com base em uma ampla gama de prestadores de serviços. Esses estudos, caso a caso, são exemplos retirados da vida real que nos auxiliam a transformar teoria em prática. Eles pretendem estimular, instigar e gerar ideias. São experiências de pessoas que passaram por muita coisa na prática da profissão. Elas descrevem determinada situação, os problemas e sua resolução, o que foi conquistado e os desafios que permanecem.

Fizemos três perguntas básicas a muitas pessoas da área:

> Por que o crescimento interno é importante para você e para sua empresa?

> Quais barreiras devem ser superadas para alcançar o crescimento interno?

> O que você fez para alcançar o sucesso?

Decidimos publicar esses estudos de caso de forma anônima. Queríamos que as pessoas contassem suas histórias, não que fizessem propaganda pessoal. Queríamos saber, também, das dificuldades enfrentadas, e não apenas dos sucessos. Também acreditamos que todo mundo pode aprender com o que aconteceu a outra pessoa. Nesse parâmetro, a história do banqueiro pode ser útil para um assessor de gerência; a história do consultor pode ajudar um advogado e assim por diante. Na verdade, o aprendizado se encontra na história em si. Não se trata apenas de estar certo ou errado, mas sim de avaliar os casos, as ideias e a forma de lidar com os desafios que todos nós encaramos no mundo dos negócios.

Porém, o motivo mais importante para não revelarmos a identidade das pessoas que nos forneceram os exemplos que daremos ao longo do livro é que todos aqueles com quem conversamos acreditavam que sua abordagem lhes ofereceu alguma vantagem em termos competitivos. Eles sabem que podem não ter a solução perfeita, mas acreditam que a forma como agem é distinta e valiosa. Não falariam conosco se não houvesse a certeza do anonimato. Concordamos com essa condição. No mundo das empresas de consultoria e prestadoras de serviços profissionais, a forma como você faz as coisas é tão importante quanto o que é de fato feito, e isso, muitas vezes, traz vantagem competitiva.

Por tudo isso, as conversas foram disfarçadas. Os nomes e as datas foram trocados, os locais, alterados, o jargão específico das diversas áreas de atuação foi substituído. As histórias, porém, permaneceram fiéis ao espírito de cada conversa.

A história do banqueiro

Steve é diretor executivo de uma das maiores divisões do BankCo, um banco de investimentos europeu. De certa forma, seu trabalho é basicamente caracterizado por sua habilidade de formar laços junto a seus clientes, com o objetivo de aumentar as fatias de participação do BankCo em suas transações. Para ele, não importam os méritos ou qualquer coisa relacionada ao crescimento interno, mas simplesmente o sucesso que ele obtém nessas negociações.

"Muitas vezes, embarcamos em um novo relacionamento sabendo que, no início, vamos ter prejuízo. O negócio não é julgado em curto prazo, mas sim no tempo que leva para o banco recuperar esse prejuízo e começar a lucrar no médio e no longo prazos."

Como tantos outros profissionais, ele acredita que a qualidade e a profundidade de seu relacionamento com os clientes são as pedras fundamentais para o sucesso. A relação precisa "ser capaz de suportar e crescer tanto nos maus momentos quanto nos bons", "ser pessoal sem ser obstrutiva" e "ser aberta o suficiente para que as conversas possam tratar de problemas e soluções, e não tenham unicamente uma abordagem baseada em produção".

Mas o BankCo tem um jeito especial para construir um relacionamento excelente com seus clientes, não se propondo a ser um banco universal, único e totalmente versátil. Estrategicamente, a decisão é focar em um pequeno número de produtos-chave. Então, falam aos clientes que aquilo é o que eles fazem, e informam que sua ambição é ampliar a participação nessas áreas específicas.

"Somos absolutamente sinceros com os clientes. Falamos de nossa expectativa de estar no topo da lista em determinado acordo, desde que esteja em nossa área de atuação. Pode parecer curioso, mas os clientes apreciam isso. Eles sabem o que fazemos, conhecem nossa credibilidade e nosso compromisso nessas áreas, sabem o que faz parte de nossas ambições e o que não faz! A relação fica, definitivamente, fortalecida por meio dessa transparência. No final do dia, ambos sabemos como estamos em relação um ao outro."

Considerando que essa relação empresa-cliente é a alma da estratégia de crescimento do BankCo, o principal desafio enfrentado por Steve e por seus colegas é encontrar uma forma de manter a amplitude e a profundidade do relacionamento com os clientes em um mundo que se modifica rapidamente. As empresas mudam à mesma velocidade com que são incorporadas por outras empresas, por fusões e por mudanças individuais provocadas por promoções pessoais ou trocas de emprego. Os clientes, por sua vez, precisam lidar com seus relacionamentos bancários. Precisam de uma variedade enorme de bancos para atuar em vários pontos geográficos e servir a diferentes necessidades financeiras, por meio das quais compartilharão transações, investimentos e contratos.

Com relação a alcançar seus objetivos, o BankCo tem alguns procedimentos e princípios de apoio.

Assim como outras organizações internacionais, eles têm uma estrutura de clientes ligada a um controle de relacionamento global, que comanda e orquestra tudo, tal qual um maestro. "Eles têm de conhecer tudo e todos: dos financiamentos para a casa própria feitos no Quênia às aquisições ocorridas na Alemanha."

Essa estrutura recebe o apoio logístico de um Sistema de Informações Gerenciais (SIG), implantado recentemente. Esse sistema substituiu vários outros sistemas improvisados que foram se degradando ao longo do tempo.

"Com esse sistema conseguimos rastrear cada negociação, cada encontro, cada contato... e isso garante que eu e os outros tenhamos a visão panorâmica necessária." Havia um pouco de ceticismo sobre a implantação do SIG. Um ceticismo que era alimentado pelos inevitáveis problemas técnicos no início da implantação. Mas Steve foi em frente com firmeza, pois sabia que esse sistema era – e continuará sendo – mais valioso, infinitamente superior, mais atualizado e mais preciso que o modelo antigo. Além do mais, tornou-se a ferramenta-chave dos administradores no nível de direção. O que é bom para eles deve ser bom para todos.

A aprovação do conselho de diretores não ocorre unicamente com os sistemas que promovem crescimento. Um dos mais importantes indicadores de desempenho em uma sala de reuniões é a constatação de que o BankCo está conseguindo ampliar a venda cruzada de produtos e serviços com a mesma base de clientes. E isso não ocorreu por pura casualidade. Auditores externos foram contratados para quantificar a "participação na carteira" do BankCo.

Por último, o BankCo conta com um modelo de comissões que permite a Steve e seus colegas incentivarem seu pessoal a otimizar seu desenvolvimento e as relações mais lucrativas com os clientes. É claro (afinal, estamos falando de um banco!) que há grandes recompensas financeiras; os lucros alcançados por novos trabalhos vão para o grupo que os comandou. Trata-se de lucros informais. Mas esse trabalho também cria um montante que vai para os cofres do BankCo, que são os lucros formais. Essa é uma medida central; todas as empresas têm participação de lucros, que é passada para Steve, ou um equivalente, para todos aqueles que contribuíram para o sucesso, não importa o quanto tenham trabalhado para a obtenção do contrato ou do resultado; estima-se que esse lucro informal represente a maior parte de todos os bônus individuais.

O lucro informal é importante, pois permite que Steve recompense sua equipe como um todo por sua contribuição, e isso faz com que as pessoas saibam que criar oportunidades e dar apoio aos outros colegas também é algo recompensador.

No coração do BankCo (e, sem dúvida, em todos os bancos de investimentos), o modelo de negócio é o relacionamento com o cliente: sem relacionamento, não há negócios. A função de Steve, assim como a de seus colegas em outros setores e em outras equipes, é cuidar desses relacionamentos. Sua habilidade de se comunicar é intensificada por sistemas de informações gerenciais caros e sofisticados, e também por alguns sinais corporativos claros: "lucro informal" para premiar a equipe por suas contribuições; compartilhamento de todas as transações dos clientes por meio dos indicadores de performance e talvez, acima de tudo, a determinação do BankCo em manter e ampliar seus negócios em setores com marcante definição.

Lições mais importantes

> Conhecer e divulgar seus pontos fortes e áreas específicas de capacitação ajuda a criar um *momentum* interno e externo.

> Conhecer o cliente é fundamental.

> Recompensas devem reconhecer objetivos individuais alcançados e também incentivar a cooperação.

3

O que poderia acontecer, mas não acontece

Uma coisa tão importante e valiosa quanto o crescimento interno certamente deveria ser a prioridade máxima de uma empresa, não é verdade? Se todos levassem o assunto do crescimento interno tão a sério quanto ele merece, ele seria organizado, metódico, sistemático e medido regularmente. Receberia toda a atenção, seria detalhado e constantemente monitorado. Cada equipe teria um planejamento feito em bases diárias, dinâmico, que se modificaria de forma gradual e contínua, a fim de alcançar um crescimento potencial com base na análise completa das oportunidades de mercado do cliente, nas atividades dos competidores e nos objetivos estratégicos, e tudo isso seria incrementado pela compreensão profunda da organização, alcançada pelo consultor, e também pelas personalidades dos principais tomadores de decisão e do estado do relacionamento. Acima de tudo, isso representaria uma visão panorâmica e precisa das iniciativas oportunas que trouxessem para o cliente vantagem competitiva no curto prazo, uma vantagem surgida dos noticiários de cada dia e dos movimentos dos mercados.

Esse processo seria não apenas rigorosamente planejado, como também constantemente monitorado, a fim de assegurar a realização do plano. Deveria, também, ser feito de forma *consciente e metódica.*

Se você reconhece os conceitos descritos, pode considerar-se uma pessoa de sorte, que pertence a uma minoria. **Em quase toda parte, a prática de buscar crescimento interno é aleatória, improvisada, sem foco definido, raramente planejada e sem continuidade.**

Na maioria das empresas prestadoras de serviços o foco principal é a tarefa mais urgente, com as equipes pulando de um projeto para outro. Se houver um planejamento para crescimento interno, ele certamente estará esquecido no fundo de alguma gaveta, para ver a luz do dia por alguns poucos minutos, durante a Reunião Anual de Planejamento, para então voltar à gaveta escura durante os próximos 364 dias.

Mesmo quando o plano é apresentado, vive seu momento potencial de glória e recebe a atenção de todos, acaba sendo apreciado de forma precipitada em uma reunião de um único dia que também analisará as prioridades de 50 outros clientes mais importantes, diante de uma plateia de milhares de pessoas que estarão em um salão sem janelas e formarão uma plateia que terá perdido a vontade de viver antes das 11h!

Quaisquer oportunidades de crescimento interno normalmente resultam de inusitados arroubos de energia, ou de conversas paralelas com clientes que atraem a atenção do consultor. Ou, então, depois de apresentar ao cliente um produto atrás do outro, ao longo de semanas, na vã esperança de que, se uma grande quantidade de opções for jogada sobre o cliente, a ponto de soterrá-lo, alguma acabará sendo aceita. Portanto, o crescimento interno se torna refém da sorte ou parte da missão de bombardear o cliente até que ele entregue os pontos, em vez de ser a consequência inevitável de planejamento e iniciativa, reforçado por energia consistente. Na melhor das hipóteses, essa abordagem improvisada resultará em um sucesso inesperado por pura sorte.

Os realizadores bem-sucedidos da área de serviços não deixam algo tão importante por conta do acaso. Eles não se entregam a um projeto só quando têm tempo, nem o abordam com a imprevisibilidade de um louco com um bacamarte na mão. Em vez disso, constroem o processo como o núcleo do que eles têm a oferecer ao cliente.

Antes de passarmos à análise do que funciona e do que não funciona, é importante compreender o porquê de essa abordagem amadorística na área de negócios ocorrer com tanta frequência, e também analisar a razão de uma abordagem mais profissional, sistemática e produtiva ser tão difícil de alcançar.

Questões que impedem uma abordagem devidamente organizada

1 Não temos tempo. Em muitas organizações voltadas para serviços profissionais, tempo é dinheiro. Literalmente. Cada segundo gasto cuidando dos negócios de um cliente é remunerável. Vendemos nosso tempo, portanto, nosso tempo é valioso. Pegue o telefone agora, porque o cliente está em cima da hora; envie um e-mail, porque o relógio está correndo. Da fotocópia à projeção financeira, do porão do prédio à sala de reuniões, tudo o que fazemos e todo lugar aonde vamos que esteja relacionado aos negócios do cliente são passíveis de cobrança. Parecer ocupado, muito ocupado, extremamente ocupado, significa honorários.

Vá visitar um banco de investimentos, o escritório de um advogado ou uma agência de propaganda. Dê uma voltinha por lá e você vai reparar duas coisas: há sempre um monte de gente digitando coisas em teclados e olhando para telas de computadores; outro monte de gente está dentro de salas imensas participando de reuniões. Se você for um cliente, vai se perguntar: quem está cuidando, cuidando *de verdade*, dos *meus* negócios?

Vendemos nosso tempo, mas passamos a maior parte dele em reuniões ou respondendo e enviando e-mails. Mas, se eu for um cliente, vou querer ter pessoas pensando em meus problemas e interesses.

A pressão pela resposta, de reagir no mesmo instante a qualquer coisa e a tudo via BlackBerry, e-mail ou celular reduz a qualidade do que está sendo feito ou pensado em benefício do cliente. Além do mais, podemos argumentar que, apesar de os clientes estarem conseguindo as coisas mais depressa, nem por isso o resultado será necessariamente melhor ou mais bem-elaborado. Como em muitos setores prestadores de serviços, cada vez menos gente acumula uma quantidade cada vez maior de trabalho. Isso significa que a maioria das pessoas que trabalham com clientes está sempre atolada, dando os toques finais em um trabalho que é para entregar no dia seguinte, e não está acrescentando novidade alguma aos assuntos desse mesmo cliente para a próxima semana, muito menos para o ano que vem.

Precisamos encontrar meios de criar mais tempo.

2 Novos negócios são mais glamourosos. Isso atrai lucros e pessoas talentosas de forma desproporcional.

É claro que todas as empresas de serviços precisam crescer à base de novos clientes e de novos compromissos, não só para arejar a base de clientes, como também para trazer novos desafios à equipe, ou simplesmente ter coisas novas com as quais trabalhar. Nenhuma empresa consegue sobreviver sem novos negócios em algum nível.

Mas por que será que só os profissionais mais bem-sucedidos de uma empresa estão sempre disponíveis para ver a apresentação de um novo cliente e, de algum modo, não parecem dispostos a gastar seu tempo no desenvolvimento de projetos para clientes preexistentes? E por que será que os novos negócios são sempre desproporcionalmente glorificados? Por que será que o crescimento interno é sempre tratado como Cinderela em comparação às duas irmãs feias, que são os novos negócios e as novas aquisições?

Conhecemos uma empresa em que eles tocam uma sineta toda vez que conseguem um novo cliente, e na mesma hora todo mundo interrompe o que está fazendo e corre para a recepção a fim de saber as novidades sobre a conquista e (geralmente) tomar uma taça de champanhe para celebrar com a equipe. No momento em que estão todos reunidos, o presidente da empresa faz um pequeno discurso para anunciar as boas-novas e cobre de elogios os membros da equipe que conseguiram o novo cliente. Eles se sentem verdadeiros heróis e, além de se orgulharem com a glória e os aplausos dos colegas, recebem um bônus no salário do mês seguinte. De algum modo, fazer parte dessa equipe vencedora faz a promoção parecer mais próxima, torna o carro novo mais viável e a responsabilidade extra mais fácil de suportar. Nessa companhia, fazer parte da equipe que traz novos clientes é a maneira mais rápida de ser valorizado e construir uma carreira de sucesso.

Nessa mesma companhia, ouvimos a história de uma executiva que foi falar com seu diretor-geral. Muito empolgada, ela contou que sua equipe acabara de conseguir um projeto adicional com um cliente da área de aviação, e isso lhes renderia remuneração extra no valor de US$ 35 mil. "Até que enfim vocês começaram a trabalhar, Cassie", foi a reação fria do diretor. Fim de papo. Nada de sinetas. Nada de champanhe. Nem reunião das equipes. Nenhum discurso. Nenhuma promoção. Nem mesmo um "muito bem" ou um "muito obrigado".

Por que razão nós vemos, em algumas organizações, um contraste tão grande entre as festas e as honrarias diante de um novo cliente e o pouco-caso demonstrado pelo crescimento entre os clientes preexistentes? Para cada herói na captação de um novo negócio, sua organização enfrentará a imensa necessidade de contratar "peões" realmente competentes. Conquistar novos clientes e maximizar esse relacionamento ao longo dos próximos cinco anos, muitas vezes, exigirá tipos diversos de pessoas, com diferentes habilidades. E esses tipos precisam ser reconhecidos e psicologicamente nutridos e recompensados.

Os prêmios e as celebrações não deveriam ser direcionados apenas para os novos negócios. Pergunte às pessoas que trabalham em uma empresa prestadora de serviços se existe um novo orçamento para novos negócios (sim, claro que existe!), alguém responsável pelo desenvolvimento desses novos negócios (sim, claro que existe!) e se há alguma equipe devidamente preparada para gerir esses novos negócios (sim, claro que existe!). Agora, faça essas mesmas três perguntas com relação a crescimento interno e prepare-se para um longo período de silêncio de seu interlocutor.

Não estamos dizendo que os novos negócios não deveriam receber uma boa verba e uma liderança próprias, nem que não deveriam ser recompensados. Simplesmente estamos ressaltando o fato de que o crescimento interno é pouco louvado e pouco apreciado e, por causa disso, recebe pouca atenção.

3 Há um vácuo de responsabilidade. Quando ouvimos a frase "O desenvolvimento dos negócios é responsabilidade de todos nesta companhia", sentimo-nos petrificados de terror. Pode até ser verdade, em tese, que o desenvolvimento dos negócios seja "responsabilidade de todos", mas existe sempre, nesses casos, o grande risco de isso não se tornar responsabilidade de ninguém. Afinal de contas, se alguém falhar na captação de mais negócios a partir de clientes preexistentes, ele poderá dar de ombros e argumentar que isso não importa, pois sempre haverá alguém cuidando dessa parte. Não haverá?

Essa comédia de erros torna-se mais evidente ao analisarmos a forma como as empresas avaliam a importância do crescimento interno. Os diretores veteranos acham que isso deve ser feito pelos gerentes de nível médio, em parte, pelo fato de eles estarem na linha de frente e, portanto, conhecerem mais de perto os clientes e as peculiaridades do que os executivos antigos; e, em parte, porque os diretores de cargos mais elevados têm coisas mais importantes a tratar: administrar a empresa, promover o setor etc.

Enquanto isso, os administradores de nível médio acham que isso é função dos diretores graduados. Estar no campo de batalha é muito desgastante e exige grandes esforços; eles estão totalmente concentrados em desenvolver seus projetos dentro dos prazos, sem estourar o orçamento e seguindo as especificações. É por esse parâmetro que eles são julgados e avaliados, e pensar além do *aqui e agora* é um desperdício de tempo e energia.

Há uma série de erros semelhantes na área dos relacionamentos entre os gerentes e os especialistas da área técnica. Os primeiros acham que é função dos técnicos ser mais amigável com os clientes, e que eles deviam aplicar sua destreza de forma mais consciente e voltada, de preferência, para as necessidades dos clientes. Os técnicos, por sua vez, acreditam que o relacionamento com os clientes simplesmente não é responsabilidade deles. Sua função é criar a base de qualificação da empresa; aplicá-la é função dos outros.

4 O fator medo. A barreira final ao crescimento interno é o fator medo. Medo de que outra pessoa na empresa roube *meus* rendimentos se eu lhes apresentar *meus* clientes. Medo de que alguém na empresa danifique *meu* relacionamento com *meu* cliente caso realize um trabalho inferior. Esse medo impede a cooperação, desencoraja a descoberta e o compartilhamento de oportunidades. E o medo é sempre visível. Os clientes sentem na mesma hora quando uma empresa não funciona bem internamente. Eles percebem que os indivíduos estão mais preocupados com sua posição em relação aos colegas do que com os clientes propriamente ditos.

A história do recrutador

A RecruitCo é a empresa que controla uma firma de consultoria nova e bem-sucedida que atua em recrutamento, com seis áreas de atuação. Ela tem 200 consultores e opera no Reino Unido. Ao inaugurar, eles trabalhavam apenas com uma especialidade, mas descobriram que precisavam criar a própria identidade na área de recrutamento e seleção. Nessa época, a RecruitCo era uma empresa matriz virtualmente invisível.

"Percebemos que a única forma de entrar nessa área altamente competitiva era oferecer uma sensação verdadeira de alta qualificação e foco. Ou seja, colocar a cabeça para fora e dizer ao mercado: 'Ei, é nisso que atuamos.' Alguns anos depois, quando inauguramos a segunda de nossas empresas, seguimos a mesma estratégia. Em parte, porque queríamos que houvesse uma distinção muito clara entre as duas práticas, mas, acima de tudo, não queríamos que nosso segundo braço minasse a reputação do primeiro."

À medida que outras empresas menores foram sendo criadas, a RecruitCo seguiu o mesmo padrão original, criando submarcas voltadas para os diferentes segmentos de mercado, cada uma com forte identidade e reputação. Eles acharam que agir desse modo seria mais eficaz do que criar uma "marca-mãe" com descrições individuais das áreas em que atuavam.

Essa estratégia obteve enorme sucesso. Os candidatos em potencial viram tudo com muita clareza e se sentiram atraídos por uma empresa que realmente entendia o mercado. Seus clientes – basicamente, departamentos de recursos humanos – reconheceram que eles foram capazes de atrair candidatos de nível mais elevado, dentro de cada setor, ao usar esse nível de experiência e especialização.

O mais importante, no entanto, foi que a RecruitCo deixou claro que, apesar de externamente se exibir como uma família de empresas especializadas independentes, internamente estavam determinados a incentivar uma cultura de equipe. Os empregados trabalharam na área para a qual haviam sido originalmente designados, e eles eram contratados e premiados de forma centralizada pela RecruitCo.

"Fizemos questão, desde o primeiro dia, de que todo mundo que trabalhasse para nós sentisse que atuava, em última análise, para a companhia-mãe. Queríamos que houvesse um espírito de coordenação e cooperação, para que todos pudessem identificar e agarrar oportunidades de outras áreas à medida que elas fossem surgindo."

Porém, a própria RecruitCo admite que, agora que está estabelecida, enfrenta alguns problemas e desafios. Em primeiro lugar, alcançou uma massa crítica – a empresa já é capaz de competir em nível corporativo com os pesos-pesados do mercado de recrutamento. As primeiras vantagens da especialização passaram a ser menos óbvias depois que a reputação e a escala de atuação cresceram muito em comparação com os primeiros dias. Em especial, eles acreditam que os departamentos de recursos humanos estão, atualmente, em busca de ações comuns entre as diferentes áreas de recrutamento, e que a RecruitCo pode e precisa adotar uma postura mais centralizadora. Como explicou um de seus diretores: "Alcançamos um sucesso fantástico construindo o nosso negócio; cerca de 60% dos contratos vêm de 20% dos clientes; trabalhamos duro para maximizar todas as oportunidades e cobrir as necessidades dos clientes na medida do possível. A questão agora é: como poderemos conseguir mais negócios a partir dos outros 80%? Acho que vamos ter de reavaliar a importância relativa da nossa atuação por marcas e repensar a ideia da empresa matriz. Chegamos a um ponto em que, ao lidar com alguns de nossos clientes, usamos a identidade da RecruitCo, em vez das empresas individuais. Afinal de contas, nossa meta é específica – departamentos de relações humanas que são responsáveis por preencher as vagas de determinada companhia em uma infinidade de setores."

O segundo desafio da RecruitCo é o crescimento rápido a partir de pequenos começos com pouca gente e evolução para uma companhia grande com muita gente. É muito mais fácil criar e manter uma cultura interna de cooperação e confiança mútua em uma organização relativamente pequena, mas isso é dificílimo de conseguir em uma empresa grande.

"Antigamente, todo mundo era muito unido. À medida que crescemos, há mais questões relacionadas com 'se' e 'como' devemos recompensar as pessoas que prestam ajuda fora de sua área imediata; ou se sua ausência no posto base está sendo coberta por alguém."

A RecruitCo adotou uma estratégia específica para crescimento interno. Já que seus principais clientes eram departamentos da área de recursos humanos, eles sentiram que, a fim de atrair os melhores candidatos e, desse modo, satisfazer os clientes, precisavam criar ações distintas e especializadas. Ao mesmo tempo, queriam garantir que a empresa funcionasse como uma companhia, em vez de se fragmentar em unidades antagônicas que competiriam entre si. Essa estratégia funcionou. Só que agora eles enfrentam novos desafios. Embora bem-situados, reconhecem que seu modelo demanda adaptações – já que a RecruitCo, que antes funcionava relativamente à sombra, se tornou mais proeminente – e que precisam descobrir como manter e desenvolver uma forte cultura interna de trabalho em equipe.

Lições mais importantes

> (A maioria) dos clientes deseja competência e especialização, mas isso não deve impedir a cooperação interna.

> O sucesso e o tamanho da empresa podem, com o tempo, exigir princípios, sistemas e habilidades diferentes.

Resumo do Capítulo 1

Leve o crescimento interno a sério

O crescimento interno tem valor inestimável: ele não só é mais lucrativo em termos financeiros, como também cria relacionamentos mais fortes e melhores entre os clientes. Além disso, é a melhor ferramenta para novos negócios já inventada! É a mais completa prova de sua habilidade e talento.

Existem muitas barreiras para se alcançar o sucesso: o crescimento interno não acontece do nada, simplesmente. Reconhecer e lidar com as dificuldades – falta de tempo ou de responsabilidade, síndrome do relacionamento fraco e medo, puro e simples – são os primeiros passos para um futuro melhor.

CAPÍTULO 2

Deixe sua empresa preparada para o crescimento interno

Nesta seção vamos examinar os quatro tipos diferentes de crescimento interno que devem ser almejados, bem como analisar os pré-requisitos práticos para implementá-los com sucesso. Veremos como graduar os clientes por seu potencial, alto ou baixo de crescimento; abordaremos os meios de organizar sua companhia e suas equipes visando o crescimento, como montar planos com ação de crescimento, e como reconhecer e premiar os sucessos. Também veremos qual a melhor forma de superar a inércia e as barreiras internas de sua própria empresa. Essa parte termina com um resumo das ações mais importantes que devem ser tomadas para implementar as novas estratégias.

1

Se você não acredita que pode ajudar, nem tente vender seu peixe

Oferecer serviços profissionais de qualidade não significa tentar vender todos os produtos e ideias para o cliente, sem se importar se ele precisa ou não deles. Muito menos deslocar colegas de outros grupos de trabalho para colocá-los diante do cliente só para parecer atuante ou impressioná-lo com muitas reuniões. Se você não estiver atuando pelos motivos mais autênticos, ou seja, se não estiver ajudando o cliente a partir de algum problema ou oportunidade genuína que identificou, vai acabar prejudicando seu relacionamento com ele, em vez de melhorá-lo.

Sabemos, de forma intuitiva, que esse é o melhor modo de proceder, mas se colocarmos um pouco de pressão sobre nós mesmos e começarmos a calcular tudo em função de perdas e lucros, vamos colocar nossos próprios interesses à frente do interesse dos clientes, e isso provocará desgaste no relacionamento com eles.

> É muito comum enxergarmos a situação dos clientes pelo ângulo do que temos a oferecer e pelo desejo de fechar mais um contrato, mas construir um relacionamento não significa "dê-nos mais trabalho".
>
> *(Mercado de Consumidores,*
> *Como Vender Serviços Profissionais, 18 de março de 2006)*

Se o cliente achar que atrás de cada sorriso existe um boleto de cobrança, que tudo o que ele disser se transformará em uma tarifa e que cada contato representará uma despesa extra, logo você se tornará um consultor *não confiável*.

Um colega passou mais de 30 anos prestando consultoria para a Procter & Gamble na área de agências de propaganda multinacionais. Aonde quer que ele fosse, os clientes corriam atrás dele e pediam que assumisse os negócios. Por quê? Porque a Procter & Gamble valoriza uma coisa além de tudo: atuar honestamente, pensando no bem-estar da organização. E quando esse relacionamento chegou ao topo de uma das maiores agências de publicidade do mundo, permeou toda a organização com sua filosofia. Seu lema era simples: coloque o interesse do cliente em primeiro lugar, o interesse da empresa de consultoria em segundo e os interesses pessoais em terceiro.

Trinta anos trabalhando na mesma empresa revelam muito amor e dedicação. Acima e além de tudo, comprovam um admirável nível de confiança entre o cliente e essa pessoa. Confiança baseada em uma certeza constantemente reforçada de que seus conselhos são oferecidos visando o melhor alvo: a saúde dos negócios do cliente. "Pare de vender seu peixe e comece a ajudar!", como dizia David Maister, o grande guru de gestão empresarial.

Outro exemplo da necessidade de acreditar que aquilo que você recomenda para o cliente será realmente benéfico para ele e para sua organização vem do presidente de uma grande empresa de consultoria dos Estados Unidos. Todos o chamam de "Pregador", pois ele sempre se veste de preto, dos pés à cabeça, em qualquer estação do ano. Pois bem, o Pregador teve um cliente ligado à GE. Ele usara uma ferramenta de segmentação de consumidores que fez sua divisão economizar US$ 175 mil em custos de marketing direto, em comparação com o ano anterior. Esse cliente ficou muito feliz com o Pregador e sua empresa de consultoria. Satisfeito com a economia que seu produto trouxe à empresa, ele imaginou que outras pessoas dentro da GE que utilizassem sistemas de marketing direto também poderiam economizar muito usando seu produto.

O Pregador pediu ao cliente que marcasse uma reunião com um colega de outra divisão da GE para que ele tivesse a chance de apresentar o produto. O cliente não pôde, alegando estar muito ocupado, mas permitiu que o Pregador usasse seu nome como cartão de visitas. Armado com isso e tendo o nome e o telefone do cliente em potencial, o Pregador tentou marcar uma reunião com ele, mas foi barrado pela assistente pessoal do executivo. No dia seguinte, ele tornou a tentar. E também no terceiro dia, e no outro, e no outro. Ele ligou todos os dias durante sete meses, sem êxito. No entanto, como era de se imaginar, acabou fazendo amizade com a assistente do executivo, a ponto de descobrir, certo dia, que o chefe dela estaria em determinado voo de Nova York para Chicago. O Pregador comprou uma passagem para o mesmo voo. Como não havia assentos marcados e ele já conhecia o executivo de vista, o Pregador foi até ele e disse:

"Desculpe incomodá-lo, senhor. Meu nome é Tim. Fiz alguns trabalhos de consultoria para um colega seu, o sr. Stollenberg. Conseguimos fazer com que a divisão dele economizasse US$ 175 mil no ano passado com um programa nosso que lida com segmentação de consumidores e funciona melhor do que qualquer outro do mercado. Estou tentando entrar em contato com o senhor há vários meses, pois tenho certeza de que conseguirei ajudá-lo a economizar uma fábula de dinheiro. Gostaria de me sentar ao seu lado, durante a viagem. Tudo o que lhe peço são cinco minutos de seu tempo para lhe revelar mais detalhes. Se o senhor não se interessar depois desse tempo, prometo não falar no assunto pelo resto da viagem. Se estiver interessado, eu adoraria ajudá-lo a economizar muito dinheiro."

Tim fechou o contrato dentro do avião, mas a questão não é essa. A questão é que você não pode se dar a tanto trabalho para se encontrar com um cliente, a menos que acredite *de verdade* que seu produto ou serviço vai *realmente* ajudá-lo. Se um colega lhe pedir para que você o apresente a um cliente seu e você fizer isso só por cortesia, em vez de acreditar nas vantagens que isso trará para ambos, acontecerá o seguinte: mesmo que esse encontro não resulte em nada, você poderá, *talvez*, ter uma segunda chance. E se for novamente rejeitado, poderá desistir – mas se sentirá feliz por ter tentado, e aliviado por não ter sido agressivo demais com o cliente.

Antes de ligar para alguém, enviar um e-mail ou pedir para marcar uma reunião, pergunte a si mesmo se está realmente convencido de que solicitou a reunião por acreditar que pode beneficiar o cliente. Se não acreditar nisso, não o faça.

A história do planejador urbano

A TransPlanCo é uma empresa de consultoria de tamanho médio (300 empregados) especializada em design urbano, transportes, planejamentos e projetos de infraestrutura. Com sede em Londres e três escritórios regionais, eles trabalham no exterior – especialmente no Oriente Médio e no Extremo Oriente. Seu trabalho se baseia em projetos específicos – eles não têm clientes fixos e, apesar de alguns dos projetos serem de longo prazo, as receitas geradas são medidas em meses, não em anos.

Graham, há algum tempo, passou a ser um dos dez diretores da empresa. Quando começamos a discutir a questão do crescimento interno, ele disse: "(...) aqui na empresa analisamos o tempo todo a questão de replicar os negócios e compará-los com os novos clientes e os novos prospectos..." O motivo para essa constante avaliação interna é que ele e seus colegas diretores acreditam que todo trabalho que desenvolvem deve cobrir pelo menos dois de três quesitos: um cliente conhecido, uma localização conhecida e uma especificação conhecida.

"Considerando as variáveis do mundo, dos clientes e das regulamentações e leis locais, nosso pior pesadelo consistiria em sermos contratados por um cliente novo, para trabalhar em um local pouco familiar, geograficamente, desempenhando uma missão inteiramente nova. Em um cenário desse tipo, há coisas demais que podem dar errado, e é por isso que insistimos em ter pelo menos dois daqueles quesitos atendidos, sendo que o ideal é garantir os três."

Devido a isso, repetir os negócios é parte fundamental da filosofia e da cultura de negócios da TransPlanCo, e também o foco central do trabalho que ela desenvolve. Por isso, talvez seja surpreendente, de certo modo, que seu crescimento interno seja relativamente informal; outras histórias revelarão práticas e sistemas mais rigorosos e formais. No caso da TransPlanCo, porém, sua abordagem está tão interligada à cultura da empresa que eles acreditam que podem – e conseguem – alcançar sucesso sem precisar de sistemas especiais.

Na verdade, porém, há um método em seus procedimentos. Apesar de terem disciplinas específicas – áreas de especialização, por assim dizer –, eles, deliberadamente, não adotaram uma estrutura rígida para suas práticas, cada qual com seu universo de lucros e perdas, o que pode levar a divisões e discórdias internas. "É parte ativa da nossa religião corporativa o hábito de distribuir trabalho, sempre que possível, para outros colegas em nossa companhia." Esse comportamento é acentuado por políticas do tipo "bônus" que são pagos com base na contribuição global de um funcionário, e não em seu desempenho específico em determinado momento. A opção de compra de ações e de outros esquemas de aquisição também serve de incentivo ao espírito de colaboração. E essa crença é ampliada pelo tamanho relativamente pequeno da companhia; existem, por exemplo, 100 funcionários no escritório de Londres.

Graham afirma: "É desse jeito que trabalhamos aqui. Não sei se isso funcionaria em uma organização muito maior do que a nossa – talvez não –, mas acreditamos que temos um longo caminho a percorrer antes de esbarrarmos em um problema desse tipo."

Ele também assinala sua crença de que a cultura em sua área de atuação funciona como um reforço positivo para o comportamento da empresa. Os grandes projetos das áreas de urbanismo e transporte exigem um exército de analistas e consultores. Nenhuma companhia conseguiria cobrir sozinha todos os ângulos de missões com esse porte gigantesco, e é por isso que existe um alto grau de abertura e cooperação entre as organizações. Os arquitetos precisam de projetistas, que precisam de engenheiros, que necessitam de construtores e empreiteiros e assim por diante... Graham acredita que essa é uma área de atuação amigável com forte cultura de interdependência, e garante que isso ajuda a alimentar a maneira como tudo funciona em sua empresa.

O fato é que eles compreendem o papel de um bom entrosamento com os clientes além dos limites estreitos do projeto. Eles não promovem grandes festas de confraternização, embora organizem eventos de verão e festas de Natal, por exemplo. Encaram essas reuniões como formas importantes de manter contato com clientes antigos e atuais. A MIPIM, por exemplo, evento anual que ocorre em Cannes, no qual são distribuídos prêmios aos profissionais que atuam no mercado imobiliário internacional, atrai mais de 25 mil participantes de todo o mundo. Muitas empresas o veem como uma excelente oportunidade para encontrar pessoas e cortejar projetos, e a MIPIM realmente é excelente para esse propósito. A TransPlanCo, porém, vê o evento em Cannes sob uma ótica diferente. Eles o usam como uma oportunidade para marcar presença junto à base atual de clientes e manter ou retomar contato com clientes antigos.

Mas eles têm dois inimigos contra os quais devem precaver-se: negligência e inquietação. Graham admite que, às vezes, sua empresa não organiza um plano de acompanhamento, ou seja: eles não sabem com quem devem manter contato, de que modo, a que intervalos e assim por diante. Quando a equipe que trabalhou em determinado projeto se desfaz, os participantes se juntam a outras equipes e se envolvem em novos planos, e a questão básica do acompanhamento fica de lado.

A TransPlanCo emprega indivíduos com excelente preparo – muitos deles são formados em duas áreas e têm várias qualificações profissionais. O problema é que, muitas vezes, pessoas brilhantes podem entediar-se com facilidade – elas precisam e buscam novos desafios, contra os quais se lançarem. A ideia de repetir um projeto ou de trabalhar com o mesmo cliente lhes provoca frustração, e os diretores devem cuidar para que essas pessoas trabalhem em projetos em que exista equilíbrio entre o novo e o conhecido.

A TransPlanCo é, para sermos francos, um caso incomum. Dependendo de sua perspectiva, ela poderia ser considerada retrógrada em relação ao crescimento interno (afinal, conta com poucos sistemas, políticas e recompensas que incentivem a busca do crescimento interno) ou poderia ser colocada entre as mais avançadas (ela simplesmente não precisa desses sistemas porque o espírito de conseguir novos negócios a partir de clientes já existentes está entranhado na cultura da empresa). Talvez a verdade esteja em algum ponto entre as duas opções, mas devemos deixar claro o poder de uma cultura que encare o crescimento interno como algo importante.

Lições mais importantes

> Trabalhar com clientes preexistentes pode reduzir os riscos para a empresa.

> O crescimento interno pode ser parte da religião corporativa.

> Pessoas brilhantes precisam de desafios novos e constantes.

2

Boa prática, melhores resultados

A maioria das empresas prestadoras de serviços profissionais emprega várias táticas de bom-senso que visam desenvolver novos negócios a partir de uma base de clientes preexistentes. Elas contam com programas que as mantêm na área do radar de seus clientes atuais e dos potenciais: e-mails diários ou mensagens de texto e conversas que vão além dos assuntos do dia a dia. Elas se engajam em atividades e redes de comunicação mais amplas; participam de eventos e conferências ligados à indústria e vão a atividades sociais em que possam aumentar os contatos. A maioria das companhias prestadoras de serviço mantém alguma atividade publicitária para promover suas habilidades e sua apurada percepção.

Essas são boas práticas. Mas há dois problemas. Essas atividades raramente são realizadas de forma consistente e vigorosa. Todo mundo parece concordar que elas são geralmente assistemáticas, desaparecem nas épocas de maior movimento e poderiam ser mais bem-cuidadas.

O verdadeiro problema, porém, é que, por melhor que sejam seus contatos e sua rede de comunicação, todas as outras empresas estão fazendo exatamente a mesma coisa. Elas também vão manter contato regular com os clientes, e também terão redes de contatos. No fim, o jogo dá sempre empate.

A questão, portanto, não é saber se essa prática é boa (está provado que ela é ótima), e sim o que pode ser melhorado.

A resposta: aumentar o foco de sua empresa, dedicando mais de seus preciosos recursos internos na direção de um número menor, porém seleto, de clientes em potencial.

1 – Monte um ranking de clientes

O primeiro passo ao se criar um projeto de crescimento interno bem-sucedido é reconhecer que nem todas as oportunidades são iguais. Nem todos os clientes têm, necessariamente, o mesmo potencial. É preciso estabelecer qual o potencial de rendimentos futuros de cada um de seus clientes e qual será sua fatia de participação no mercado. Isso servirá para a criação de uma lista inicial de prioridades.

Você deve graduar seus clientes em A, B, C e D. Isso ajudará a determinar não só em quais clientes você deverá focar seus recursos e esforços, como também ajudará a identificar quais clientes estão sugando a energia da sua empresa e – o que é pior – diluindo sua margem de lucros, em vez de aumentá-la.

Clientes Classe A – É nos clientes estratégicos que as energias da empresa devem ser aplicadas diretamente, na busca de crescimento interno. Sua empresa deverá ter uma relação muito forte com esses clientes, e seus contatos deverão ser seus ferrenhos defensores, não só dentro da organização, como na comunidade de negócios em geral. Certamente, você já está oferecendo o melhor possível a esses clientes e já terá identificado oportunidades para ajudá-los a alcançar objetivos estratégicos (que você conhece e compreende), ou evitar perigos que talvez eles não tenham previsto. Você deve, ainda, identificar os pontos em que eles não tenham representatividade na área em que sua empresa é mais especializada, ou aqueles nos quais ela tiver um relacionamento vulnerável com um dos concorrentes. Seus clientes Classe A, provavelmente, são dínamos em seu setor, e poderão operar em mercados que estejam crescendo rapidamente. Portanto, representam um potencial muito elevado. Lembre-se de que eles podem ser empresas grandes ou pequenas.

Clientes Classe B – São as companhias com as quais você mantém relacionamentos muito sólidos e existe um bom nível de atividade – embora não tão dinâmico nem de crescimento tão rápido quanto o dos clientes Classe A. Esses clientes podem mover-se mais lentamente e oferecer respostas menos imediatas às iniciativas que você lhes apresenta. Além disso, seu processo decisório, provavelmente, será mais demorado. Mas eles serão a pedra angular de sua base de rendimentos e, desse modo, é essencial não apenas que você invista tempo e recursos neles, mas que seja notado ao fazer isso.

Clientes Classe C – Eles representam serviço constante e manutenção da posição. Você poderá alimentar um bom relacionamento com eles, mas esses clientes nunca apresentarão o crescimento nem o potencial de lucros dos clientes das classes A e B. Mas são clientes "bons para se ter na carteira"; clientes aos quais você continuará a fornecer sólidos serviços profissionais, mas nos quais não deverá investir visando aumentar os negócios, porque seu crescimento não será proporcionalmente atraente em relação ao tempo e ao investimento exigidos.

Clientes Classe D – Esses devem ser retirados de sua carteira de clientes. Eles tendem a diluir as margens de lucros, sugam a energia das equipes que os servem, geralmente reclamam quando você cobra pelos serviços e nunca parecem satisfeitos. Eles o mantêm sob constante ameaça de revisão do seu contrato, e poderão dispensar a empresa de consultoria antes de você ter a chance de dispensá-los. No entanto, se você se livrar deles antes, verá o moral aumentar bem depressa dentro de sua empresa, pois seus funcionários saberão que a companhia para a qual trabalham se garante no mercado. Dizem que a McKinsey corta 10% de sua clientela todos os anos. E isso não lhes tem feito mal algum, muito pelo contrário...

Os Três Fs

Existe outra maneira de avaliar os clientes nos quais você deverá focar-se. Chamamos esse método de "três Fs".

A ideia é a de que, quando um cliente tem pelo menos duas das três características que se seguem, é um bom foco de investimento e energia.

> **F de Fortuna** (um cliente que traz lucros e oferece potencial de crescimento).

> **F de Fama** (um cliente famoso e com alto nível de credibilidade na praça, além de grande potencial de ganhos).

> **F de Felicidade** (um cliente com o qual sua equipe adore trabalhar, e que se sinta do mesmo jeito com relação à sua empresa).

2 – Não perca a realidade de vista

Lembre-se, porém, de que, além do potencial de lucros, existem outros critérios simples para você manter-se dentro da realidade. Os mais importantes são:

Seu relacionamento atual é seguro? Qual o nível de satisfação do seu cliente?

Você deverá ter um relacionamento consistente neste quesito, a fim de conseguir cada vez mais trabalho. Uma nota 8 é o mínimo necessário. Menos do que isso é sinal de que pode haver problemas internos que precisam ser resolvidos. É vital receber retornos objetivos, fornecidos por auditores independentes. Se você está corrigindo o próprio dever de casa, prepare-se para enfrentar problemas mais adiante.

Quando você quer apenas derrotar um concorrente, está sendo realista?

Pode ser que você acredite (talvez com razão) que sua empresa tem capacidade para fazer um trabalho tão bom ou melhor do que a rival. A questão, porém, é se *o cliente* acredita que o potencial de seu desempenho é tão bom a ponto de acabar com um relacionamento profissional que talvez exista há muito tempo, está muito arraigado ou seja irremovível por outras razões.

Por fim, temos a questão da honestidade: **o(s) novo(s) serviço(s) ou produto(s) que você pretende oferecer é(são) realmente bom(bons)?** O tempo todo, ao prestar consultoria aos nossos clientes, descobrimos que eles têm uma abordagem otimista demais em relação às próprias capacidades de realização. Eles se dizem capazes de ir além do que é humanamente possível. A questão fundamental é: *em que essa empresa é, hoje em dia, boa de verdade?* Não importa o que ela era nem o que realizou no passado.

3 – A empresa precisa envolver a maior equipe possível, com a definição clara de papéis

O crescimento interno não pode ser responsabilidade de uma única pessoa. Ele é importante demais para ser gerenciado e desenvolvido por um único funcionário.

Os sócios majoritários devem sempre se envolver. Eles têm os contatos com os clientes; experiência na área; capacitação e autoridade. E devem liderar internamente. Se os sócios mais graduados não estiverem sintonizados nem derem apoio à questão do crescimento interno, por que alguém mais se daria o trabalho de tratar disso?

Gerentes de nível médio estão na linha de frente e, portanto, deveriam conhecer os clientes e suas necessidades de forma mais profunda. Eles devem, também, estar atentos para alguns dos fatores políticos e pessoais que precisam ser levados em consideração. Isso é importante, porque, se eles não tomarem essa posição de imediato, as oportunidades para os novos negócios correrão sérios riscos.

Por fim, os especialistas técnicos e até mesmo os funcionários secundários ou das equipes de suporte devem ser incluídos, em parte ou no todo do planejamento ou implantação. Eles precisam saber o que está acontecendo, a fim de assumir seus papéis, bem como fornecer ideias e insights valiosíssimos. Quando apresentamos oficinas sobre crescimento interno, queremos o maior número de pessoas presentes, de todas as equipes. Sempre nos surpreendemos com as contribuições, a sabedoria e a percepção oferecidas pelas pessoas que trabalham nos bastidores.

4 – Mantenha recursos de reserva

O próximo passo é criar uma reserva de recursos. Acima de tudo, porém, é preciso abrir espaço para o bem mais precioso de todos: tempo.

Uma planilha financeira pode ser criada com facilidade. Se você tem objetivos claros, com valores monetários conhecidos, é possível criar um orçamento financeiro. Se você gastar X dólares em apresentações e Y dólares em valor de novos negócios, deve aplicar a mesma fórmula para criar oportunidades de crescimento orgânico. Na realidade, o investimento financeiro provavelmente será muito menor, pois você já saberá de muitas coisas e os custos serão desproporcionalmente menores.

Embora criar mais tempo possa parecer algo impossível, se você acrescentar o tempo desperdiçado no escritório – os bate-papos improvisados em volta do bebedouro e as cinco reuniões por dia para tratar de coisas sem importância; a compulsão constante de ler e responder aos e-mails na mesma hora em que eles chegam, em vez de organizá-los por meio de um sistema gerenciador por prioridades –, conseguirá pelo menos mais 10% de tempo extra, que poderá muito bem ser usado para avaliar alguns assuntos de interesse do cliente.

Neste livro falamos sobre como organizar o tempo a fim de conseguir os melhores benefícios, e abordamos os esforços e tudo o que deve ser dito. Tudo isso será abordado em um capítulo adiante, com mais detalhes. Mas resumindo em poucas palavras, converta o tempo desperdiçado com abobrinhas inúteis em um investimento potencialmente lucrativo, traduzindo-o em tempo precioso para analisar e discutir os interesses do seu cliente (*além* do trabalho diário que você já dedica a ele). E não cobre do cliente esse tempo extra, porque isso será um investimento que você fará em si mesmo, não no cliente. (A propósito, se os representantes do cliente baterem à porta nesse momento, a capacidade de demonstrar esse tempo extra voltado para o cliente servirá para comprovar valores ocultos que a empresa possui, e será uma prova do seu compromisso com o cliente.)

Recomendação: dedique 5% do seu tempo para pensar nos negócios de seu cliente. Em uma semana com uma média de 40 horas de trabalho, esses 5% de investimento representarão duas horas de pensamento focado produzido por sua equipe (ou por você) e dedicados unicamente a seus clientes A e B. Pense apenas nas oportunidades miraculosas que serão garimpadas por meio dessa prática; oportunidades que o levarão a conversas produtivas com seu cliente, desde que você siga sempre essa regra. Duas horas por semana representam 80 horas por ano, considerando um ano de 40 semanas de trabalho – ou dez dias inteiros. Se você multiplicar os custos disso pelas taxas que poderão ser cobradas, conseguirá um fabuloso retorno de investimento em termos de aumento de lucros.

A propósito, se você acha que é pouco realista essa possibilidade de liberar dez dias de trabalho na agenda já sobrecarregada, lembre-se de que todo mundo consegue, em algum lugar, um mínimo de dez dias de trabalho para elaborar projetos e planos para qualquer cliente novo, que é, para todos os efeitos, um completo estranho!

5 – Crie um plano de ação

Depois de determinar as respectivas prioridades de cada cliente, de montar uma equipe e de criar uma planilha de tempo e outros recursos, você poderá elaborar um plano de ação com mais confiança. Lembre-se de que todo plano deve ter **dois elementos-chave: quem e por quê**.

Você precisa de um mapa claro da organização do cliente – as pessoas que você conhece lá, as que passam relatórios para você, quem influencia quem, quem controla os orçamentos e quem toma as decisões. Seu conhecimento prévio e seus contatos podem dar início ao processo; as pesquisas e o antigo recurso de solicitar as coisas que você deseja cuidarão do resto.

O segundo elemento é formado por perguntas que você não pode perder de vista ao programar e implementar qualquer programa de crescimento interno. Por que a companhia lhe traria mais negócios? Quais os benefícios disso para eles? Por que determinada pessoa, ou departamento, lhe traria mais negócios? O que há de bom para eles nisso (especialmente se eles tiverem de desistir de outro fornecedor de produtos ou serviços ao escolher você)?

A pergunta mais importante é: qual a vantagem para o meu cliente?

A pergunta principal não é: qual a vantagem para mim?

6 – Implemente o plano

Um plano precisa ser implementado. Existem mil razões e incentivos para você encaixar o novo plano no ritmo do trabalho diário que sua empresa desenvolve; o novo plano deverá ser um item regular nas reuniões internas e deverá ser revisto pelo menos a cada três meses. Acima de tudo, ele não pode se transformar naquele documento manjado e empoeirado que só sai da gaveta uma vez por ano e nunca consegue a energia necessária para deslanchar.

7 – Reconheça e premie seus funcionários

Você se lembra de Cassie, nossa desafortunada executiva cujos esforços para obter negócios extras para um cliente na área de aviação não foram reconhecidos nem recompensados e, como consequência, ela descobriu que seu trabalho era pouco valorizado? Pois é... Todo mundo precisa de reconhecimento, e se os funcionários que conseguem novos clientes têm seu momento de glória sob os refletores, os heroicos lavradores do dia a dia também devem tê-lo.

Da próxima vez que alguém chegar com notícias sobre um novo projeto conseguido junto a um cliente antigo, toque a sineta da empresa! Abra uma ou duas garrafas de champanhe e faça com que aquela pessoa e aquela equipe sintam como se tivessem realizado uma façanha muito importante. Porque elas realizaram, mesmo!

A história do advogado

Lucinda não é advogada, mas desempenha um dos papéis mais importantes na empresa em que trabalha, a LawCo, famosa multinacional na área jurídica. Ela não gera lucros diretos, mas seu desempenho é fundamental para ajudar os outros a obterem seus ótimos rendimentos. É uma funcionária que não tem como cobrar honorários extras de ninguém, embora trabalhe em um mundo em que cobrar honorários é o objetivo máximo.

Lucinda trabalha no escritório londrino da LawCo, que conta com a estrutura clássica dos grandes escritórios de direito, com cerca de 100 sócios. Seu papel é liderar a equipe de desenvolvimento, e ela foi contratada, especificamente, para implantar um programa de incentivo ao crescimento interno, desenvolvendo mais atribuições de tarefas a partir da base de clientes preexistentes da LawCo.

Um dos sócios principais da empresa disse: "Podemos continuar a atuar como um grupo de feudos semi-independentes, e provavelmente alcançaremos um sucesso razoável. Só que não atingiremos o pleno potencial da empresa, a não ser que funcionemos como uma equipe unida que trabalha para os clientes a partir da área de alcance mais ampla, representada por seus desafios individuais."

Lucinda já havia trabalhado em várias empresas prestadoras de serviços antes de ir para a LawCo, e isso lhe proporcionou uma noção exata dos desafios que sua companhia e outras empresas enfrentam para implantar uma visão nova. Esses desafios incluem:

> **Perda de foco** – Com mais de mil clientes, os mais de 100 sócios não conseguem gerenciar sua carteira de forma significativa.

> **Visão de curto prazo** – Desenvolvimento na área de negócios tem a ver com prazos longos e relacionamentos profundos com os clientes; muitas organizações valorizam unicamente o curto prazo, os rendimentos, os lucros e os bônus de hoje.

> **O culto ao panfleto publicitário** – Muita gente pensa que um novo folheto publicitário é o máximo em termos de marketing. Trata-se de uma atividade, é claro, mas também é um substituto inadequado para o marketing de qualidade.

> **Regras para cobrança: isso é bom** – A tirania dos sistemas de cobrança é que ela exige que o indivíduo maximize suas horas de dedicação ao cliente. Esses sistemas de cobrança são contra tudo o que não for diretamente imputável aos honorários de um projeto.

> **Perda de tempo** – Não existe nenhuma companhia de sucesso que disponha de tempo suficiente. As pessoas, especialmente sob pressão, podem e geralmente trabalham 24 horas por dia, sete dias

por semana. Quando o desenvolvimento de novos negócios acontece só nos dias úteis, o resultado não fica pronto a tempo!

Em suma, apesar de um bom desenvolvimento de negócios ser, reconhecidamente, uma coisa positiva, na realidade é quase impossível de se alcançar. Lucinda diz: "O desenvolvimento de negócios [nas empresas prestadoras de serviços] é quase universalmente reconhecido como o ponto principal para crescimento futuro. Os contadores já descobriram isso há dez anos, e os advogados estão seguindo o mesmo caminho. Uma coisa, porém, é aceitar o conceito, e outra coisa, muito mais difícil, é implementá-lo."

Com o apoio dos sócios mais importantes, Lucinda criou uma estratégia e um projeto operacional para lidar com essas questões. Um elemento-chave para isso foi focar as perspectivas de um pequeno número de clientes Classe A (Nível 1). Lucinda pediu que tentássemos adivinhar quantos eles eram, tendo em mente que a LawCo conta com mais de mil clientes. Nosso palpite ficou entre 100 e 200. O número verdadeiro era 30. Ou seja, apenas 3% dos clientes ofereciam perspectivas de Nível 1. Eles haviam sido selecionados não só com base no potencial de lucros atuais e futuros, mas também em função de sua importância estratégica para a LawCo.

Uma simulação semelhante revelou mais 70 clientes que foram designados como Nível 2. A LawCo analisou setores em que desejava alcançar progresso ou aprofundar sua penetração, e escolheu uma companhia de cada setor que servisse de exemplo para sua área.

Lucinda enfatiza, com razão, que os clientes com status de Nível 1 e 2 não devem receber serviços melhores do que os outros. "A finalidade desse exercício não foi reequilibrar os esforços e a qualificação da empresa em relação à nossa capacidade profissional, mas simplesmente reavaliar as prioridades de onde e como gastamos nossos recursos."

O processo de estabelecimento de prioridades foi simples de descrever, mas não foi fácil receber unanimidade interna. Isso gerou muitos debates e vários conflitos. Por fim, superada essa etapa, o passo seguinte foi colocar o plano em prática. Para cada cliente de Nível 1, foram designados dois sócios, denominados Líderes para Desenvolvimento de Clientes (LDCs); além disso, dez outros sócios foram deslocados de suas áreas e ligados a cada dupla de LDCs, a fim de dar suporte a seus esforços.

Lucinda preside uma reunião mensal com cada uma dessas equipes de 12 pessoas, e a agenda da reunião é espantosamente simples:

1 – Avaliação de progresso – Estamos alcançando nossos objetivos de crescimento?

2 – Avaliação de relacionamentos – Quem se encontrou com quem, quais foram os resultados obtidos?

3 – O futuro – Quem estará fazendo o que daqui a 30, 60 e 90 dias?

Pelo menos a cada seis meses um dos sócios principais participa dessas reuniões mensais. (Os 70 clientes de Nível 2 são igualmente providos de recursos, mas por uma equipe menor, com apenas dois elementos.)

Essa estratégia de foco intenso em poucos projetos importantes, bem como o compromisso de uma equipe interdisciplinar que se dedica a avaliar as oportunidades, pode parecer óbvia. Em uma companhia baseada em prática como a LawCo (tal como em uma empresa de contabilidade, banco ou empresa de consultoria), é fácil subestimar essas barreiras práticas e culturais no caminho do sucesso.

Muitos sócios e profissionais na área de organização de serviços dedicam-se de corpo e alma à sua tendência ou vocação pessoal. Eles veem o desenvolvimento de negócios como algo que exige qualificação inferior, bem abaixo do seu radar ou dignidade profissional. Para sermos francos, muitos sócios estão mais comprometidos com sua prática do que com a empresa como um todo, e encaram a organização simplesmente como o local físico onde eles desempenham sua elevada vocação. Muitos são terrivelmente ciumentos de suas relações com os clientes, têm orgulho da intimidade que compartilham com eles e sentem medo de que os outros tentem prejudicar ou roubar o que enxergam como seu pão de cada dia. Por tudo isso, conseguir que todos os sócios se envolvam com o desenvolvimento de negócios, coloquem os interesses da empresa acima dos interesses da sua prática pessoal e dividam seus clientes com os colegas é uma realização simplesmente gigantesca.

Lucinda cita os quatro ingredientes que ajudaram a transformar a Lawco.

1 – Liderança – Os sócios majoritários definiram a estratégia, a agenda e participaram ativamente da implantação do programa. Lucinda descreve isso como liderança agressiva. Sua liderança também implicou em aceitar – e em alguns casos, incentivar – a saída de alguns sócios que não se sentiram à vontade com a nova ordem empresarial.

2 – A estrutura da equipe dos LDCs – A existência de 30 equipes de Líderes para Desenvolvimento de Clientes (LDCs) comprovou a poderosa intenção dos sócios e de toda a LawCo: "Isso é pra valer!", esta foi a mensagem. Os dois LDCs de cada time foram escolhidos a partir da sua capacidade de pensar e agir além das restrições da estrutura anterior. Tornaram-se um padrão para os outros funcionários, em toda a LawCo. Além disso, a própria estrutura da equipe criou interdependências importantes; ajudou a acabar com barreiras de ordem prática e criou novas ligações pessoais. Em média, cada sócio participava de três equipes de LDCs.

3 – Recompensas – A cultura de matar um leão por dia estava muito enraizada, mas as recompensas e as avaliações mudaram isso. Agora, os sócios são avaliados não apenas por suas habilidades de aumentar os rendimentos, mas também pela amplitude de sua contribuição global. O tempo gasto em desenvolvimento de novos clientes é tão valorizado quanto se ele pudesse render honorários. As duplas de LDCs são reconhecidas como *primus inter pares*.

4 – Recursos – Lucinda tem uma grande equipe trabalhando para ela. Entre essas pessoas, há gerentes de negócios que valorizam a área comercial, especialistas em bancos de dados e em área de TI, um grupo especializado em internet e vários profissionais da área de comunicação. Seu trabalho é assegurar que as informações necessárias, os insights e os treinamentos sejam disponibilizados na mesma hora para os sócios. "Nós ralamos, eles recebem as glórias!"

Os resultados desse programa de desenvolvimento na área de negócios são impressionantes. O sigilo nos impede de dar mais detalhes, mas a LawCo é uma das organizações que crescem mais rapidamente, não apenas em sua rede de atuação, mas também em todo o mercado londrino.

Talvez o maior símbolo desse sucesso seja a história da própria Lucinda. Como já dissemos, ela já havia trabalhado em outras empresas de consultoria. Tem paixão por seu trabalho e é muito articulada, mas sempre se sentiu frustrada nos empregos anteriores. Ela e seus antigos patrões sabiam o que devia ser feito, mas não conseguiam fazer acontecer. Na LawCo ela encontrou uma organização que não apenas sabe o que fazer, como também realiza as coisas de fato, de forma consistente.

Lições mais importantes

> A liderança que vem de cima faz enorme diferença.

> O foco deve estar em poucos clientes, mas que sejam importantes.

> Garanta a organização interna, e a estrutura de recompensas refletirá sua missão.

> O crescimento interno não surge do nada; ele demanda muitos recursos!

3

Os quatro diferentes tipos de crescimento interno

Qualquer crescimento orgânico se enquadra em uma das quatro áreas a seguir, definidas por dois eixos. Tanto faz se você já trabalhou anteriormente com o cliente, ou se os serviços que você oferece ainda são utilizados pelo cliente ou não.

Identificamos os desafios mais comuns que surgirão em qualquer planejamento de crescimento interno, dependendo de sua posição dentro dessa matriz.

		Cliente	
		Preexistente	Novo
Serviço	Preexistente	**A**	**C**
	Novo	**B**	**D**

A – Como vender um produto ou serviço preexistente para um cliente preexistente

(você já oferece XYZ para o cliente ABC – como conseguirá oferecer mais XYZ com mais frequência?)

Essa é a situação mais fácil para você conseguir aumentar compromissos e rendas. O cliente já conhece você e seu trabalho. Portanto, você estará construindo algo novo sobre fundações sólidas.

As prioridades são:

> fique alerta e seja organizado para aproveitar todas as oportunidades;

> conheça e trabalhe dentro do planejamento e dos ciclos orçamentários do seu cliente;

> fale sempre com o cliente sobre o passado que vocês compartilham e os sucessos que alcançaram;

> tome a iniciativa na hora de buscar melhoria nos procedimentos e nos custos.

A maior barreira para o sucesso nessa área é o marasmo. Companhias que prestam serviços empregam pessoas com alto nível de educação, inteligentes e intelectualmente inquietas; pessoas para as quais a ideia de fazer a mesma coisa durante a vida inteira representa uma maldição. Elas anseiam por mudanças e precisam do estímulo das coisas novas.

Uma empresa que conhecemos organizava oficinas para gerar novas ideias junto a seus clientes, com enorme sucesso. Essas oficinas criavam laços fortes entre as equipes e a empresa. Elas eram muito estimulantes, divertidas e, acima de tudo, geravam novas ideias e iniciativas que se tornavam a fonte de futuros projetos e lucros. Mas a companhia parou de organizar esses eventos.

O motivo foi terem se entediado depois de algumas edições, o que os fez deixarem esses eventos de lado. A solução para isso foi muito simples: manter as oficinas, mas usar pessoas que não trabalhavam com determinado cliente. Com isso, equipes de diferentes clientes criaram oficinas para clientes de outras equipes. Isso produziu muita adrenalina e gerou um benefício adicional: minimizou a mentalidade de feudo e de panelinha diante de cada cliente, que existia antes.

B – Vender um novo serviço para um cliente preexistente

(você quer vender um novo serviço para o cliente ABC, para quem você já oferece XYZ)

Teremos dois problemas a superar. O primeiro é que o cliente só imagina você fazendo XYZ. Ele não está disposto a enxergar que você seja capaz de fazer RST. Na verdade, ele pode ver sua abordagem como um risco para sua eficiência na área para a qual você foi contratado, lá atrás. Você terá de batalhar muito para superar esse preconceito e demonstrar capacidade na nova área:

> organize seminários para demonstrar sua competência;

> participe ou apresente palestras em eventos da indústria;

> apresente seus parceiros para essa nova prática;

> garanta ao seu cliente que o desempenho não será afetado pelo trabalho adicional.

O segundo problema é que talvez você só consiga esse novo trabalho de RST se substituir o concorrente da área. Há duas questões que devem ser analisadas:

> O concorrente está cuidando do assunto em caráter oficial? Se estiver, é possível superá-lo, ou ele está tão enraizado no posto que se tornou irremovível?

> Quais os benefícios para a companhia e para o cliente? Por que eles se animarão em lhe oferecer trabalhos novos ou tarefas adicionais?

C – Vender um serviço preexistente para outro cliente

(atualmente, você faz XYZ para o cliente ABC; deseja fazer XYZ para outro cliente, em outra divisão ou departamento)

Nesse caso, o apoio e o aval do cliente preexistente é importante, para ajudá-lo a ter acesso e conseguir uma reunião com o novo cliente. Essa é a maior prioridade – desenvolver um relacionamento com o novo cliente em potencial –, e deve ser encarada como uma abordagem de venda totalmente nova.

Outra questão a ser considerada é que o cliente preexistente pode ficar com ciúme do novo cliente. Talvez ele se preocupe com a possibilidade de que a relação com você possa se deteriorar, que sua dedicação a ele vai diminuir ou que ele possa descer em sua lista de prioridades. O desempenho com o cliente preexistente deverá ser impecável, e você deverá aumentar a equipe, para que cada cliente desfrute de recursos exclusivos.

D – Vender um serviço novo para um cliente também novo

(você já trabalha com determinada corporação, mas acredita que pode ir muito além de seu cliente e da área de atuação atuais)

Essa é a oportunidade mais difícil. Trata-se, na realidade, de um empreendimento totalmente novo, que deve ser tratado e planejado como tal.

A história do relações-públicas

A PRCo é uma empresa da área de relações públicas que emprega cerca de 80 pessoas. Seus principais clientes são organizações que chegam aos consumidores em larga escala, por meio de um trabalho maciço de mídia, com ênfase crescente nos meios digitais. Ela não oferece alguns dos serviços normalmente associados a relações públicas, tais como trabalhar com investidores, ou na área de saúde, nem faz lobby em assuntos de interesse público.

John não tem dúvidas de que "(...) promover crescimento interno é mais barato e muito menos traumático do que buscar novos clientes. Afinal, isso exige muitos recursos e não se pode cobrar muito de pessoas do alto escalão das empresas. Se você tentar fazer isso e contar com a sorte, terá, no máximo, 25% de chances de consegui-lo!"

John, entretanto, é igualmente ágil em apontar os desafios do crescimento interno. Primeiro, de acordo com o que ele pensa, os clientes tendem a rotular e estereotipar o relacionamento com os consultores. O primeiro projeto que você conseguir definirá como o cliente o verá no futuro, e é difícil quebrar essa regra.

"Quando você contrata um decorador, pode permitir que ele faça pequenos reparos na casa. Mas se ele garante que consegue trocar todo o sistema de aquecimento central ou ampliar a residência, você fica meio desconfiado: 'Será que um decorador conseguirá trabalhar com desenvoltura em uma atividade completamente diferente da dele?' Às vezes, algo pior acontece: você começa a duvidar da competência dele como decorador."

Em segundo lugar, em um mercado maduro e estabelecido como o de relações públicas, os clientes estão muito atentos aos pontos fortes e fracos das empresas, nos diversos setores; quem atua em questões de interesse público, quem está na área de saúde e quem trabalha com investidores. Além do mais, as pessoas e os departamentos que controlam os orçamentos para essas áreas e tomam decisões sobre quais agências contratar são, geralmente, pessoas diferentes. A equipe que se relaciona com os investidores é diferente da que atua em relações públicas junto ao consumidor.

A PRCo tomou duas decisões sobre como poderia aumentar seus negócios com base em crescimento interno. Decidiram se ater ao básico: relações públicas junto aos consumidores. Acharam que as barreiras para a expansão de seus serviços para outros setores eram grandes demais e não compensariam o investimento necessário e a exposição ao risco. Resolveram que poderiam crescer prestando mais serviços na área em que já atuavam, expandindo os contratos em vigor, trabalhando melhor e com mais dedicação junto aos clientes preexistentes.

Em compensação, resolveram tirar cada vez mais vantagem das oportunidades, por menores que fossem, desde que tivessem relação com seu núcleo de atuação.

"Por exemplo, nossos clientes poderiam precisar de alguma pesquisa de consumo, de um projeto de design ou de um treinamento de mídia. Esses são projetos que poderíamos assumir, porque estavam ligados aos trabalhos que já desenvolvíamos junto aos clientes preexistente. Nossos clientes, por sua vez, confiariam em nós para fazer isso, porque continuaríamos trabalhando em nossa área de atuação. Mas nunca saímos de peito aberto pelo mercado para vender nossos serviços por fora, como uma companhia de pesquisas totalmente amadurecida, um estúdio de design ou algo desse tipo. Conhecíamos nossos limites e resolvemos ampliar esses limites tanto quanto nos fosse possível."

Essa é uma história de realismo e autopercepção apurada. Sim, havia oportunidades para crescer e a PRCo poderia ter tentado tornar-se uma grande corporação que oferecesse cada vez mais serviços fora da especialização original, trabalhando junto aos consumidores. Mas a empresa percebeu que isso seria muito difícil e arriscado. Em vez disso, focou o setor e os clientes com quem já havia estabelecido uma boa reputação.

Lições mais importantes

> Seja seletivo quanto às suas capacitações. Às vezes, menos vale mais.

> Oportunidades de aumento gradual podem parecer pequenas, mas são muito valiosas.

4

Supere as barreiras do crescimento interno existentes dentro da empresa

Existem muitas barreiras que devem ser superadas na busca por mais crescimento interno. Algumas são barreiras que você encontrará dentro da sua própria empresa. Muitas vezes, as pessoas defendem seus territórios quando se trata de relacionamentos com clientes. Isso está certo e é adequado, desde que seja fruto da motivação de fazer o que é certo para o cliente, e não da ânsia insensata de se proteger pessoalmente de perdas e danos. Portanto, se você está determinado a superar essas barreiras, é melhor se preparar para enfrentar alguns tipos de resistência feroz. A seguir estão as sete objeções mais comuns que surgem quando se trata de tomar a iniciativa de buscar novos negócios junto ao cliente:

1 – Já tentamos tudo isso antes e o cliente não está interessado.

2 – Tivemos apenas um contato rápido com o cliente. Não é bom parecer que estamos forçando a barra.

3 – Devemos focar apenas o trabalho que foi contratado.

4 – O cliente está satisfeito com o consultor que ele tem na área que vemos como oportuna para nossa empresa.

5 – Estou ocupado demais.

6 – O cliente está ocupado demais.

7 – Não quero prejudicar meu relacionamento com o cliente se alguém acabar estragando tudo.

Para ajudá-lo a superar essas barreiras aqui estão algumas respostas a essas objeções comuns:

1 – Já tentamos tudo isso antes e o cliente não está interessado

> Não aceite essa desculpa logo de cara. O que aconteceu na outra vez? Que lições podemos aprender com isso? Será que a situação (ou as pessoas) mudou?

> Aborde o cliente de maneira desinteressada; busque oportunidades de ajudar de forma altruísta; faça a combinação de algo novo que tenha dimensão extra e ofereça-o como parte do seu trabalho que o cliente valoriza, ou agregue esse algo novo ao que outro fornecedor ou divisão lhe traz.

> Eleve a posição da companhia de seu cliente na hierarquia da empresa.

> Mantenha-se ajudando e algo bom vai acontecer. Chamamos isso de lucro psicológico – um dia, você será capaz de faturar em cima do clima de boa vontade que montou junto ao cliente.

2 – Tivemos apenas um contato rápido com o cliente. Não é bom parecer que estamos forçando a barra

> Nos primeiros estágios do relacionamento é que você deve exibir garra e comprometimento. Não há necessidade de forçar situações, mas colocar as cartas na mesa e mostrar que você deseja ter oportunidades para crescimento e desenvolvimento mútuo pode ser uma boa jogada.

> *Agora* é o único momento em que a coisa vai ser fácil (antes de você ser rotulado).

Em um novo relacionamento, você tem todo o direito de fazer perguntas, mostrar vontade de saber as coisas, compreendê-las e exibir entusiasmo. Você também terá o benefício da dúvida.

Tomar a iniciativa demonstra que você vem pensando nos interesses do seu cliente (isso é o que todo cliente deseja dos consultores, certo?).

Existem três grandes oportunidades para conseguir mais trabalho de clientes preexistentes: no começo de um trabalho contratado (quando outras necessidades não previstas poderão surgir), no meio do trabalho (quando os níveis de empolgação estão elevados) e no fim do trabalho (momento que julgamos o pior para solicitar novos contratos). Abordaremos isso em mais detalhes à frente, mas, desde já, avisamos: solicitar mais serviços logo no início é uma excelente estratégia para marcar posição.

3 – Devemos focar apenas no trabalho que foi contratado

> O contrato atual e seu sucesso são realmente determinantes para as futuras oportunidades, mas não são os *únicos* determinantes. A qualidade do relacionamento e a valorização do cliente devem ser maiores do que o trabalho que está sendo desenvolvido.

> Se você conseguir um novo projeto, mais recursos poderão ser alocados, para que o projeto preexistente nunca fique comprometido.

> Descubra uma vantagem nova para o cliente (afinal, por que ele iria lhe oferecer mais serviços?). Essa vantagem poderá ser o tempo e o ganho financeiro do cliente, que não precisará buscar, a cada momento, a melhor empresa para cada necessidade. É uma proposta clássica do tipo integração de terceirização.

4 – O cliente está satisfeito com o consultor que ele tem na área que vemos como oportuna para nossa empresa

> Você tem condição de se igualar ou superar os pontos fortes do seu concorrente? Consegue identificar fraquezas que poderão ser usadas? Essa objeção é essencialmente verdadeira?

> Se for, aja como um amigo solícito e desinteressado.

Seja compreensivo e reconheça que o concorrente é competente. Seja honesto com o cliente. Diga-lhe que você deseja fazer mais negócios com ele. Pergunte-lhe se ele permite que você apresente sugestões de trabalho sem compromisso. Faça propostas interessantes, alcance o nível de seu fornecedor de serviços atual. Marque um encontro no qual você possa apresentar tudo: o cliente procurará mostrar-se responsável e interessado em ver o que mais existe no mercado.

> Se essa não for uma objeção verdadeira, tire-a do caminho. Aja conforme foi descrito e siga em frente.

5 – Estou ocupado demais

> Se você identificou esse cliente como um alvo de crescimento importante, contrate alguém novo que seja muito competente para trabalhar na empresa.

> Coloque esse cliente no relatório de gestão de status.

> Destine 5% do tempo semanal para pensar nesse cliente.

> Você está mesmo muito ocupado? Será que essa pressa não está fazendo você deixar de lado algo importante?

6 – O cliente está ocupado demais

> Os clientes nunca estão ocupados demais para assistir à apresentação de boas ideias que falem de melhores resultados e de valores

agregados. Se a proposta representar alguma dessas coisas, o cliente arranjará tempo. E você vai descobrir que acertou na mosca quando o cliente se envolver tanto que acabará se atrasando para a reunião seguinte. Prevendo isso, você deverá reservar mais ou menos 30 minutos extras antes e depois do encontro oficial, porque: a) pode ser que o cliente queira continuar falando; b) talvez você descubra coisas importantes ou esbarre em mais alguém que precise de ajuda.

7 – Não quero prejudicar meu relacionamento com o cliente se alguém acabar estragando tudo

> Simplesmente apresente as pessoas nas quais você confia. Se é você que deseja ser apresentado, é sua obrigação mostrar a proposta a seu "padrinho", ou seja, à pessoa que estiver servindo de ponte. Faça um ensaio de sua apresentação e das respostas a qualquer pergunta que você ou seu "padrinho" acreditam que o cliente possa fazer. Em suma, essa é a apresentação de um projeto, de modo que você deve tratá-la com o devido respeito, e deve também respeitar o precioso relacionamento do seu cliente. Se você for a pessoa que vai fazer a apresentação, insista no ensaio, para saber ao certo o que será apresentado. Se não houver ensaio, não haverá apresentação!

> Consiga a supervisão de alguém experiente em sua empresa.

> Pense nas vantagens que você vai alcançar se tudo sair bem!

A história do designer

A BrandCo é uma companhia de estrutura internacional que trabalha com identidade corporativa. Uma nova equipe de gerenciamento chegou e encontrou uma companhia nas últimas:

faturamento despencando, reputação em queda livre, os novos negócios aos trancos e barrancos.

Um sintoma do estado desesperador da companhia foi uma conversa telefônica com um cliente que perguntou se a BrandCo tinha uma informação específica sobre um setor especial da indústria. "Não, mas podemos correr atrás e fazer algumas pesquisas para conseguir responder à sua pergunta." "Mas...", replicou o cliente, "... eu pensei que vocês trabalhassem com o que interessasse a vocês, e não com o que se adequasse às minhas necessidades."

Segundo o diretor-geral, foi terrível. "Era como se tivéssemos nos tornado uma organização acadêmica ou uma instituição simpática, porém mais preocupada com nossos próprios interesses do que com os de nossos clientes."

Eles passaram a encarar a reconquista da confiança de seus clientes preexistentes como o maior objetivo. Isso, em suas próprias palavras, era a chave para a recuperação. Eles sabiam que sua prioridade máxima era restaurar e reconstruir o relacionamento com os clientes antigos. Só então poderiam adquirir confiança para seus novos projetos.

Eles montaram um plano estratégico com três frentes de ataque.

Reestruturação. Eles substituíram um conselho de administração grande e pesado, cheio de funcionários de carreira, gente com responsabilidades obscuras e irrelevantes, e colocaram em seu lugar um conselho chefiado por três pessoas – um CEO, um COO e um CFO.

Eles também abandonaram a estrutura multiação. Como ocorre com muitas empresas prestadoras de serviço, a BrandCo era organizada em áreas diferentes, cada qual com sua contabilidade própria de lucros e perdas, que, por sua vez, determinavam os bônus das equipes. O problema é que essas áreas haviam se transformado em verdadeiros feudos, impérios sigilosos que, de vez em quando, competiam entre si. Havia casos em que uma área de atuação escondia das outras áreas várias informações importantes a respeito de determinados clientes, negando-lhes oportunidades importantes. Às vezes, a área prejudicada era mais adequada para administrar um projeto, mas a equipe oficialmente responsável temia perder os contratos do cliente. O resultado era um serviço péssimo, com resultados fraquíssimos, em que as equipes tentavam proteger a todo custo (e sem sucesso) as rendas e os relacionamentos.

Mudança de foco. A nova administração decidiu que deveria haver um propósito específico dentro da empresa. Isso exigiu decisões difíceis sobre pessoas e clientes. Em poucas semanas foi montado um grande programa de incentivo a demissões voluntárias, com a finalidade de fazer um corte profundo, em vez de vários e desgastantes cortes de pessoal ao longo do tempo. A empresa também encerrou o relacionamento com alguns clientes, especialmente os que ofereciam potencial futuro limitado ou vampirizavam os recursos e os lucros.

Liderança na linha de frente. O novo CEO e o COO fizeram questão de cuidar de tudo pessoalmente. Desejavam também ser notados, queriam se encontrar com os clientes regularmente e meter a mão na massa, tornando-se tão envolvidos em cada projeto quanto conseguissem. Estavam determinados a mostrar aos funcionários e aos clientes que a empresa poderia conseguir grandes contratos e criar associações valiosas. Eles comentaram: "Três elementos-chave são necessários: construir relacionamentos, dar conta do recado e, depois, ir além e manter os relacionamentos com base em confiança mútua."

Esse elevado nível de comprometimento foi complementado por um programa de recrutamento, em que foram contratadas "pessoas claramente preparadas e competentes", para assegurar que o trabalho e os resultados fossem do mais alto padrão.

Os resultados foram espetaculares. Atualmente, a companhia bate recordes sucessivos em faturamento, tem uma brilhante base de clientes e uma reputação que voltou à sua antiga glória. O êxito da nova equipe foi reconhecido por meio de promoções significativas e a companhia está atraindo e mantendo empregados de nível muito mais elevado.

Eles restabeleceram a estrutura de separação por áreas de atuação, mas com uma importante diferença. Anteriormente, as recompensas eram limitadas às perdas e aos ganhos de cada área, mas agora são distribuídas com base nos lucros totais da clientela, não importando a área em que cada equipe atuou. Rendimentos crescentes significam um bolo maior para dividir com todo mundo.

Existem muitas lições neste caso. Entre elas, ressaltamos a necessidade de contratar, manter e motivar pessoas que se destaquem, fornecendo-lhes uma estrutura que sirva para agregar, e não dividir, além das decisões duras que devem ser tomadas logo no início do processo.

Mas a maior lição de todas é que, para fazer os lucros proporcionados por clientes preexistentes aumentarem, o alto escalão deve envolver-se no processo. No caso da BrandCo, isso significou arregaçar as mangas e mergulhar de cabeça no trabalho, o que foi uma clara demonstração para os clientes e empregados de que eles realmente estavam a fim de fazer negócios, e que seus padrões elevados deviam tornar-se o alvo e a ambição de toda a companhia.

Lições mais importantes

> Conseguir novos contratos de clientes preexistentes é a melhor credencial para novos negócios.

> Pessoas, estruturas e lideranças preexistentes precisam de grandes intervenções para atingir os objetivos.

> A mentalidade fechada deve ser sempre erradicada.

5

Projetando sua organização para conseguir um padrão eficiente de venda cruzada

Fazer vendas cruzadas ou conseguir novos contratos com os clientes atuais é, nas palavras de Shakespeare, "uma perfeição que deve ser ardentemente desejada". Na prática, porém, como já vimos, é muito difícil alcançar essa perfeição. Existem muitas barreiras a serem superadas. Mas também existem muitas atitudes positivas que podem ser tomadas para montar, dentro da sua companhia, um conjunto de condições que tornem as vendas cruzadas mais prováveis e passíveis de acontecer.

Esteja preparado para quando as oportunidades surgirem

Vendas cruzadas bem-sucedidas exigem uma mudança na maneira como as tradicionais empresas prestadoras de serviços operam e se comportam. É necessário que os departamentos e as pessoas trabalhem juntos, buscando novos caminhos, a fim de conquistar lucros de forma organizada junto aos clientes, em vez de buscar a solução em grupos fechados de especialistas. Nada serve para estimular esse processo mais rapidamente do que a demanda dos clientes. É, como disse o presidente de uma agência internacional de propaganda:

"Obrigado, Deus, pelos clientes! Nunca conseguiríamos montar todos esses novos sistemas nem criar novas formas de trabalhar se fôssemos deixados por nossa conta!"

Ou, como disse Newton, ao lançar sua Primeira Lei do Movimento: "A menos que sofra a ação de uma força externa, um corpo continua em estado de repouso, enquanto um corpo em movimento continua se movendo à mesma velocidade em linha reta."

Se você deseja criar um *momentum* apropriado além do ímpeto de efetuar uma venda cruzada, precisa de um cliente que cobre isso com urgência. Em suma, precisa de uma "plataforma de lançamento". Se não for assim, a coisa ficará em nível de objetivo distante, algo que "seria bom ter", em vez de "precisamos ter".

Mas se você não for pressionado pela necessidade clara e presente, vinda de um cliente, há pouca coisa a ser feita a fim de prepará-lo para quando essa necessidade surgir. Se você seguir o esquema que apresentamos em seguida, estará pronto para aproveitar as vantagens e as oportunidades que surgirem – e fará isso de forma melhor e mais rápida.

Você deverá promover um estado de percepção e compreensão entre as diferentes partes da organização, e incentivar um grau de integração pessoal entre os funcionários que terão de colaborar, quando o momento chegar.

Percepção e compreensão

Muitas vezes, existe falta de compreensão dentro das empresas de consultoria, entre diferentes equipes fechadas. É comum isso manifestar-se de formas fundamentais e específicas:

> devido a formas diferentes de trabalhar;

> devido às diferenças nos sistemas de gerenciamento de informações;

> por ignorância mútua entre as equipes quanto às respectivas bases de clientes (não estou falando apenas de fronteiras geográficas, mas também de disciplinas diferentes dentro do mesmo prédio);

> estilos de apresentação diferentes, e também formatos e fontes de letras diferentes entre apresentações da mesma empresa;

> diferentes cronogramas e pagamentos por produção sem padrão definido.

A "ignorância" pode custar muito dinheiro para sua empresa

Esse custo financeiro vai se materializar sob a forma de esforços duplicados, reinvenção de processos cada vez que uma das divisões da empresa visita um cliente e, também, em termos de pagamento pelo mesmo serviço efetuado duas ou mais vezes. O custo também será elevado em termos de reputação corporativa se os clientes perceberem que sua mão direita não tem a menor ideia do que a esquerda está fazendo. Os clientes gostam de saber que seus fornecedores se comunicam uns com os outros dentro de sua empresa, pois isso lhes assegura que eles não apresentarão inconsistência em seus conselhos, e também que as informações dadas pelo próprio cliente serão repassadas de forma eficaz.

Se as equipes não *sabem* umas das outras, muito menos se *conhecem* pessoalmente, essa ignorância vai custar à sua organização uma quantidade de lucros em potencial impossível de calcular, mas certamente altíssima. Apenas informar às suas equipes dos serviços e áreas específicas em que cada uma delas poderá ajudar os clientes fará você dar um grande passo rumo a novas oportunidades de venda cruzada. Transmitir conhecimento funciona!

Determine um tempo para educar seu pessoal sobre as capacitações da própria empresa. Convoque-os para participar, juntos, de oficinas de aprendizado (os funcionários poderão construir amizades boas e úteis entre eles). Encomende um Guia Prático, uma pequena apostila em papel (e também em meio eletrônico) para cada uma das divisões, falando dos serviços que a companhia presta, para que essas informações possam ser acessadas por todos e com facilidade. Esse guia deverá ser redigido em linguagem leve, bem-humorada e informativa, o que fará com que as pessoas gravem a mensagem. Se alguma divisão lhe entregar o guia em linguajar obscuro ou em jargão técnico demais a ponto de parecer tão maçante e inútil quanto uma poça de água estagnada, devolva o material e faça a divisão escrever tudo de novo, de forma dinâmica. Você, certamente, irá querer que as pessoas usem todas essas informações. Assim, na próxima vez que o cliente perguntar "Na sua empresa existe algum especialista em XYZ?", elas poderão dar uma informação completa e positiva. Não é bom que seus funcionários pareçam ignorantes, hesitantes, nem, o pior de tudo, que digam ao cliente que vocês não contam com um especialista em determinada área quando, na verdade, ele existe.

Quando cada uma das divisões apresentar suas habilidades específicas umas às outras, assegure-se de que farão isso de forma envolvente e empolgante. Se você reunir as pessoas em uma sala e elas tiverem de escutar alguém falando de forma monótona sobre a capacitação de outra divisão, as pessoas estarão fisicamente presentes, assistindo, mas a atenção estará longe dali. Faça a apresentação a partir do ponto de vista da *plateia* à qual ela se destina: o que *eles* querem saber? Que dúvidas poderão ter? O que os preocupa? O que os clientes *deles* poderiam considerar útil? Faça um esforço para informá-los, educá-los e entretê-los, e você dará um grande passo para vencer a barreira da percepção e superar a questão da ignorância generalizada que está custando milhões à companhia.

Quando der início ao programa, vá em frente

As pessoas trocam de emprego. Até um terço dos funcionários pode sair da empresa em determinado ano (levando consigo todo o conhecimento, a destreza e a boa vontade do cliente). Portanto, manter a conscientização disso dentro da empresa exige atenção constante. É um trabalho que não acaba nunca. É como passar uma nova camada de tinta em uma ponte imensa: no instante em que você acaba de pintá-la, está na hora de começar tudo novamente. Mas esse esforço vale a pena.

Invista nos treinamentos das habilidades corretas

Você também precisará investir em treinamento de habilidades. Esse treinamento de pessoal em conhecimentos técnicos especializados deverá ser complementado por outros investimentos que realmente resultem em aumento do faturamento, em termos de clientes: aprender como apresentar bem; aprender como estruturar uma proposta por escrito que seja lógica e convincente; aprender sobre os tipos diferentes de pessoas que existem e a melhor forma de se comunicar com elas. Na maioria das organizações dedicadas a fornecer serviços profissionais ou de consultoria, essas habilidades são conhecidas como as "fáceis". Pois podem acreditar: não é nem um pouco fácil ser capaz de persuadir alguém de forma brilhante, motivar uma equipe ou ser capaz de ouvir prestando atenção *de verdade*. Essas são, francamente, as habilidades mais difíceis, e também as mais lucrativas para se investir. São essas habilidades que transformam todo o conhecimento técnico em argumentos convincentes e urgentes que fazem os clientes terem vontade de entrar em ação.

Faça com que todos *se deem conta* das habilidades uns dos outros, e ajude-os a compreender o motivo de essas habilidades serem tão valiosas para a clientela.

Familiaridade

Em negócios, a antiga expressão "Santo de casa não faz milagre" não funciona. Na área de negócios, santo de casa não só faz milagres como também traz boas promessas e perspectivas – não só entre clientes e consultores, mas também, de forma ainda mais crucial, em casos de vendas cruzadas entre diferentes partes de sua empresa. A verdade pura e simples é que respondemos melhor e de forma mais rápida às pessoas que conhecemos, das quais gostamos, respeitamos e com as quais nos preocupamos. Se as pessoas nas diferentes áreas ou "feudos" dentro de sua empresa não conhecem umas às outras, você pode esquecer a ideia de venda cruzada. Você perderá tempo e energia.

Muitas vezes, as equipes se encontram para fazer uma apresentação voltada para venda cruzada junto a um cliente e os membros de cada grupo nunca se viram pessoalmente, nunca trabalharam juntos em nenhum caso, não sabem nada uns sobre os outros, nem mesmo têm ideia de como é a aparência física dos colegas. Você sabe quantas vezes isso acontece? Muitas vezes. E muitas vezes também a equipe nem pode ser considerada uma equipe. É apenas um grupo de especialistas que se juntaram às pressas, estão despreparados, são maltreinados, foram recrutados no último instante só para a reunião e se dispersarão novamente assim que ela acabar. E espera-se que essas equipes pareçam e se comportem como uma unidade coerente e unificada que tem a responsabilidade de fazer 1 + 1 = 3 para o cliente que, em princípio, pretendem ajudar.

Como construir uma equipe rapidamente

Se você não puder utilizar uma equipe cujos membros estejam familiarizados entre si, ou que tenham trabalhado juntos no passado, pelo menos insista em que essa equipe se encontre com regularidade, seja por telefone ou por videoconferência, à medida que ela estiver preparando o material que será apresentado ao cliente. Insista em que essa equipe se encontre pelo menos 24 horas antes da reunião com o cliente. Coloque todos na mesma sala, mas não comece logo de cara abordando assuntos de trabalho. Em vez disso, tire um tempinho para os membros se apresentarem uns aos outros. E não utilize a técnica assustadoramente fatídica por meio da qual todo mundo, um de cada vez, se dirige aos outros da mesa apresentando a si mesmo! Não existe nada mais maçante do que 20 pessoas recitando em sequência o próprio nome, posto e número de matrícula.

Em vez disso, a fim de construir uma base de conhecimento e história em comum entre os membros da equipe de forma rápida, coloque-os em pares e deixe que eles passem dois minutos descobrindo as seguintes coisas uns dos outros:

1) algo sobre o qual eles tenham paixão verdadeira;

2) para onde eles vão quando saem de férias;

3) qual a realização que lhes dá mais orgulho;

4) algum fato incomum ou pouco conhecido a respeito de cada pessoa.

Depois, faça com que os participantes apresentem o indivíduo com o qual cada um deles interagiu. Bingo! Energia instantânea e uma história em comum sendo construída diante de seus olhos.

Só depois de fazer isso tudo é que você deve passar a discutir o trabalho propriamente dito. Depois, ao final da sessão, *não os deixe* voltar correndo para seus BlackBerries. Insista nisso e leve todo o grupo para fazer uma refeição e beber alguma coisa juntos. Uma hora e meia em torno de uma mesa é um investimento que dará mais retorno do que 100 teleconferências ou 1 milhão de e-mails.

Quando você aparecer no escritório do cliente, no dia seguinte, todos parecerão, agirão e se comportarão como uma equipe melhor e absolutamente unida. Todos demonstrarão fazer parte de uma equipe entrosada que trabalha junto para resolver os problemas, e não um bando de autônomos que foram ali por conta própria. O espírito de equipe conquista os corações e as mentes dos clientes.

Reunião de consolidação

Depois da apresentação, organize uma reunião de consolidação. Resista à tentação de correr para o aeroporto e espalhar os participantes aos quatro ventos. Essa reunião de consolidação é essencial porque ajudará a equipe a aprender mais e a se aprimorar, além de ajudar a decidir o que virá em seguida.

Não é surpresa alguma que a mais famosa equipe de elite para acrobacias da Real Força Aérea britânica, os Red Arrows, treine junto durante seis meses por ano. Eles conhecem muito bem uns aos outros. Fazem as mesmas acrobacias aéreas cinco vezes por dia, todos os dias, durante seis meses, a fim de aperfeiçoar a precisão e o *timing* perfeito que empolgam multidões por todo o Reino Unido a cada verão.

Mas não é só isso que produz os resultados espetaculares.

O que faz a diferença, o que faz com que os Red Arrows sejam os melhores de sua categoria, são as reuniões de consolidação que eles têm após cada um dos voos de treinamento. Nessas reuniões, a equipe desconstrói todas as manobras de voo, procura os movimentos imperfeitos e analisa o desempenho técnico.

Os Red Arrows passam por muitas fases de pura repetição, mas devem estar fazendo a coisa certa, a julgar pelos resultados.

Resumo do Capítulo 2

Colocando sua empresa em forma para o crescimento interno

Seja seletivo e focado – Concentre-se e domine. Foque a atenção nos clientes A e B e nas oportunidades que apresentarem recursos suficientes em termos de tempo, pessoal e dinheiro, em vez de desperdiçar seus esforços com ambições baseadas em boas intenções, mas que se revelam, no fim de tudo, ineficazes.

Crie um cronograma e um orçamento – Em primeiro lugar, calcule o tempo (5%) e – o que seria ideal – também o dinheiro exigido para determinada iniciativa ou projeto de pesquisa – tudo isso para refletir e compreender melhor os negócios do cliente.

Trabalhe como uma equipe – É pouco provável que uma única pessoa consiga identificar e assegurar uma oportunidade de crescimento. Toda a equipe, inclusive os funcionários mais antigos e graduados, deverá engajar-se no processo. Todos têm um papel a desempenhar.

Tenha um plano – Muitas vezes, os famosos planos para clientes não passam de visões ou sonhos de sucesso. Eles carecem de senso de jornada, com marcos e alvos definidos. Assegure-se de que seu plano responda às três perguntas básicas: quem, o que e por quê?

Incorpore seu plano às atividades do dia a dia – Por exemplo, coloque-o dentro da planilha dos relatórios regulares de status. O plano deve ter tanta importância quanto os projetos do dia a dia nos quais você está trabalhando; ele não deve ser um plano anual empoeirado que só sai do fundo da gaveta na véspera da reunião interna para a avaliação de metas.

Faça uma auditoria entre o cliente e o fornecedor – Seja por meio de uma pesquisa completa e detalhada efetuada por terceiros ou de uma série de entrevistas com clientes que serão conduzidas por alguém graduado dentro da companhia (mas que *não trabalhe* no negócio regularmente), é vital obter uma imagem honesta e clara do desempenho e do papel da companhia aos olhos do cliente. Essa também é uma boa oportunidade para explorar a extensão e a natureza de qualquer trabalho futuro.

Faça com que a gerência mais graduada celebre e premie os sucessos – Exatamente como é feito na hora de celebrar a conquista de um novo cliente.

Saiba lidar com os medos e os ciúmes – Se você está preocupado em que talvez outro departamento em sua companhia possa estragar tudo e acabar prejudicando as relações com um cliente preexistente, deve alertar o responsável que estiver acima de você na cadeia de comando a esse respeito. É responsabilidade dele a decisão sobre o que fazer.

Faça com que todo o seu pessoal conheça os diferentes departamentos, todos juntos – Desse modo, eles aprenderão a respeito uns dos outros. Ajude-os a compreender as diferentes áreas de especialização dentro da organização e em que circunstâncias essa familiaridade poderá ajudar seus clientes.

Treine seu pessoal – Tanto nas habilidades mais simples quanto no conhecimento técnico. Não existe nada mais direto, mais lucrativo ou mais eficaz para promover o crescimento interno.

Encaixe alguns momentos para as equipes se solidificarem como um grupo verdadeiramente coeso – Seja criativo quanto às formas com as quais você poderá criar um espírito corporativo, e arranje tempo suficiente para os indivíduos se unirem, formando um todo.

Reunião de consolidação – Depois da reunião com o cliente, faça com que todo mundo se junte para rever o desempenho, aprenda com a experiência e descubra o que precisa ser feito em seguida.

CAPÍTULO 3

Como ser mais eficiente e útil a seus clientes

Até agora analisamos as razões pelas quais o crescimento interno é valioso, quais as práticas positivas, os melhores resultados dessas práticas, as barreiras internas para alcançar um bom crescimento interno, como superá-las e como as companhias podem preparar-se melhor para que o crescimento orgânico seja mais frequente.

Agora, vamos focar os clientes:

> Quais as diferentes fases do relacionamento entre o cliente e o consultor?

> Como assegurar que esse relacionamento se mantenha sempre renovado e forte?

> Será que você está gastando a quantidade de tempo certa com os clientes certos?

> Como se comunicar melhor com os clientes?

> Como pensar nas questões relacionadas aos negócios dos clientes de forma mais criativa?

> Como montar reuniões sobre oportunidades de crescimento interno com os clientes?

> Como usar perguntas para gerar melhor compreensão e guiar as negociações?

> Quando você deve ter essa negociação?

> Como colocar tudo isso em prática?

1

As três diferentes fases dos relacionamentos de negócios

Boa parte do que discutimos neste livro tem a finalidade de ajudar os indivíduos e as companhias a se tornarem mais autoconscientes e mais ligados ao que está sendo feito para alcançar o crescimento interno. Queremos ajudar você a recuar e verificar o que realmente está acontecendo e o que precisa ser feito. Ao refletir sobre o comportamento atual, com o intuito de mostrar as melhores maneiras de atuar, nossa intenção é, também, fazer com que as pessoas pensem em como poderão otimizar os resultados que já estão conseguindo.

Neste capítulo examinaremos a questão das relações com os clientes: como funcionam, o que as faz dar errado e como mantê-las firmes e fortes. A fim de fazer os negócios que a sua empresa já tem com os clientes preexistentes crescerem, as relações com eles devem ser sempre fortes, porque relacionamentos fortes e saudáveis são a base de todas as atividades. Os resultados de suas auditorias revelarão se seus relacionamentos estão realmente fortes em determinado momento, mas precisamos analisar as maneiras de descobrir quando um relacionamento está dando errado e, igualmente importante, o que fazer a respeito.

Relações humanas

Relacionamentos humanos como os que existem entre duas pessoas que são casadas, ou relacionamentos profissionais entre clientes e consultores passam por três fases distintas:

Fase 1 – Galanteio
Fase 2 – Paixão
Fase 3 – Maturidade

Fase 1 – Galanteio

No ciclo de relacionamentos para a área de negócios, a Fase 1, de galanteio, representa a busca por novos negócios. O processo do drama na hora da apresentação culmina com o cliente concordando em "ficar" com determinada empresa, depois de ter sido cortejado por muitos pretendentes em potencial. Na fase do galanteio, as duas partes mantêm seus sentidos em estado de alerta total. Todo cuidado e atenção são dedicados a cada detalhe, a fim de transmitir a imagem mais adequada e desejável. Cada um dos lados está com o senso de percepção aumentado a respeito de si mesmo e do outro, com sinais de encorajamento ou de desencorajamento sendo transmitidos e recebidos. É semelhante a um *speed date* – um período curto e intenso em que cada lado transmite exatamente os sinais certos, a fim de ganhar o grande prêmio.

Os olhos analisam tudo – o outro lado é bonito, parece correto? Será que estou com boa aparência? Como é o comportamento de ambos? Caloroso ou frio? Receptivo ou indiferente? Os ouvidos estão ligados para perceber todas as nuances. Você escuta tudo de forma consciente e presta atenção a todas as coisas que a outra pessoa diz. Sua armadura de sentidos está absolutamente preparada e com força total, a fim de conquistar o coração, a mente, o corpo e a alma do parceiro em potencial.

A apresentação profissional de um novo negócio foca conscientemente no cliente-alvo, a fim de produzir o mesmo nível de afinidade que o pretendente quer para si. Todas as pistas acumuladas pelo uso dos sentidos – incluindo o sexto sentido! – buscam trazer vantagens na hora de ajudar o cliente em potencial a escolher você e não o seu concorrente.

Uma vez que o ritual do galanteio está encerrado, o relacionamento passa para a Fase 2 – Paixão.

Fase 2 – Paixão

Em geral, no período que se segue à escolha de um novo consultor para o cliente, ocorre um mínimo, porém perceptível, declínio no nível de extrema atenção que o pretendente dedica à outra pessoa. Provavelmente, isso decorre da exaustão de estar o tempo todo em estado de alerta durante as semanas anteriores, que foram dedicadas ao galanteio. Depois desse momento, porém, o relacionamento se desenvolve de forma exponencial, subindo em forma de S, com trajetória quase vertical. A isso chama-se ficar apaixonado.

Depois da conquista de um novo negócio, tanto o cliente quanto o fornecedor agem como duas pessoas apaixonadas uma pela outra. Estão ávidos para agradar e ávidos para encorajar. O consultor e o cliente se mostram empolgados com as possibilidades prometidas por seu novo relacionamento. Para o consultor, nada parece por demais trabalhoso. Oferecer mais coisas do que o cliente espera é a norma nessa fase. A equipe está borbulhando de ideias e entusiasmo, e enfrenta cada tarefa com vontade e gosto. Isso acaba por eclipsar os antigos consultores do cliente em termos de respostas rápidas e atividade. Na empresa do consultor, nunca faltam pessoas brilhantes e talentosas, sempre dispostas a trabalhar pelos interesses do cliente. Afinal, esse cliente é o mais quente da empresa. É o cliente para o qual todo o trabalho está bombando, frenético e empolgante, e isso concentra a atenção dentro da organização. O cliente novo é o equivalente à nova esposa do harém.

Por sua vez, o cliente se sente maravilhado e bem-disposto em relação ao seu novo parceiro. As novas ideias e iniciativas levadas ao cliente são muito bem-vindas. Algumas são implementadas, e até com rapidez! Isso incentiva o consultor ainda mais, e o nível do serviço aumenta sem parar. E, como esse novo cliente paga suas faturas em dia, as coisas vão se fortalecendo cada vez mais, e todos ficam felizes.

Fase 3 – Maturidade

É fato conhecido que você precisa trabalhar muito, ano após ano, para fazer com que um casamento funcione bem e dê certo. Os casamentos precisam ser alimentados, porque todos os relacionamentos maduros tanto podem se fortalecer com o passar do tempo, como podem, também, se enfraquecer e deteriorar. Vocês podem ficar cada vez mais fortes ou simplesmente cair na rotina. Na maior parte das vezes, as pessoas que permitem que seu relacionamento caia na rotina espelham exatamente os parceiros, que provavelmente alcançaram um hiato no relacionamento na área de negócios: eles entram no que os psiquiatras chamam de "fase de negação". Ignoram os sintomas do relacionamento que está em declínio. Fazem-se de cegos ou simplesmente não querem perceber as muitas pistas de que as coisas não são mais como costumavam ser, e de que nada vai bem no relacionamento. Em geral, existe uma abundância de pistas para sugerir que as coisas estão saindo dos eixos:

> vocês passam menos tempo ao lado um do outro do que costumavam passar;

> o tempo que passam juntos é gasto em desavenças;

> os hábitos e o jeito de ser ou de se comportar da outra parte começam a incomodar;

> pequenas coisas começam a irritar: nenhum dos dois acha que está lucrando muito com o relacionamento; a raiva e a mágoa começam a aumentar, e a relação se deteriora.

Em relacionamentos na área de negócios, o cliente, muitas vezes, sente que o consultor diminuiu o padrão da equipe que cuida de seus interesses, ou acha que os administradores da empresa de consultoria nunca estão disponíveis para reuniões, pelo menos não no nível que eles costumavam estar no princípio. Acham que a qualidade do trabalho e das ideias caiu; acham que os mesmos velhos problemas se repetem sem parar; que as ligações não são atendidas com a rapidez de antes e, às vezes, nem mesmo há retorno. (Este último ponto é um gigantesco pomo de discórdia para os clientes.)

O lado negativo da Fase 3 ocorre quando os parceiros que antes estavam apaixonados começam a assumir a relação como algo já garantido. **Tomar a relação como coisa certa acaba com muitos casamentos.** E também acaba com os relacionamentos na área de negócios mais depressa do que qualquer outra coisa.

Curiosamente, embora tudo isso pareça intuitivo, nem sempre é reconhecido de imediato pelas companhias que prestam serviços profissionais. Uma pesquisa realizada pelo Bay Group entre empresas de contabilidade e seus clientes (diretores e gerentes financeiros) analisou a disparidade entre os motivos citados pelos dois lados de um relacionamento interrompido.

Na pesquisa realizada em 2006, 47% dos contadores tinham a impressão de que perdiam clientes devido aos "preços, honorários, custos, orçamentos e capacidade financeira". Só que os diretores e gerentes financeiros tinham uma perspectiva totalmente diferente da situação. *Desses profissionais, 79% citaram "relacionamento deficiente junto ao cliente e falta de atenção" como a principal razão para encerrar o relacionamento com seus fornecedores.* A qualidade dos serviços surge como a terceira razão mais importante entre as empresas de contabilidade.

Os diretores e gerentes financeiros listaram os motivos para dispensar os serviços de seus contadores pela seguinte ordem:

79%	Serviço fraco junto aos clientes e falta de atenção a eles.
66%	Preços, tarifas, custos, orçamentos e adequação à realidade financeira do cliente.
38%	Não conseguir tempo para conversar com as melhores pessoas que administravam a contabilidade.
34%	Falta de química entre os envolvidos.
33%	Falta de conselhos úteis.
22%	Necessidade de serviços novos ou diferentes.

Fonte: Bay Street Group, 2006.

O desacerto entre as expectativas do cliente em termos de atenção e serviços e aquilo que eles verdadeiramente recebem da empresa de consultoria são os recifes nos quais naufraga a maioria dos relacionamentos entre cliente e consultor. Portanto, para início de conversa, vá consultar o contrato de fornecimento de serviços e pesquise se o que você aceitou e prometeu oferecer está sendo realmente oferecido.

Como evitar a rotina no relacionamento na Fase 3

O segredo para manter fortes os relacionamentos de longa duração é injetar neles, continuamente, altas doses de energia. Você precisa continuar investindo energia na relação, oferecendo uma propulsão extra para alcançar o aprofundamento da Fase 2, a fase da paixão, especialmente no momento em que ela parece que pode sair dos trilhos e entrar em declínio.

No momento em que você perceber que o relacionamento com o cliente pode estar nessa fase de declínio, parta para as ações imediatas, a fim de reenergizar a relação:

> ofereça uma nova mostra da abordagem de venda de serviços;

> ofereça ao cliente uma apresentação grátis sobre algum dos aspectos do negócio dele;

> recomende uma auditoria no relacionamento entre vocês;

> use a autocrítica: analise de que modo você poderá melhorar e se modificar para melhor;

> implemente o que propôs – mostre que você evoluiu e se modificou para melhor;

> renove sua equipe: traga sangue novo, pois isso fará com que surjam ideias e energias novas;

> faça um novo lançamento de sua empresa e de suas propostas para o cliente;

> ofereça ao cliente uma reunião gratuita de *brainstorm* com os mais talentosos profissionais de sua empresa, visando gerar novas ideias.

Faça algo que mostre avidez e competência. Dê ao seu cliente o equivalente, na área de negócios, a uma segunda lua de mel.

A melhor forma de evitar que você deslize para a rotina e a acomodação da Fase 3 é perguntar a si mesmo, todos os dias: *Por que esse cliente teria interesse em fazer negócios comigo hoje? Como proceder para trazer algo novo e fazer a diferença para o cliente, no dia de hoje?* Essas são perguntas vitais para você fazer a si mesmo todos os dias, por várias razões:

1 – Nenhum de nós tem o direito divino e assegurado de trabalhar com qualquer de nossos clientes. Se deixarmos de fazer diferença para eles ou para o desempenho da empresa, seremos um peso morto. É como os personagens do filme *O Poderoso Chefão* costumavam dizer, com orgulho: "Isso são só negócios." Devemos nos convencer de que não basta confiar em favores ou boa vontade.

2 – Os clientes têm um alto nível de expectativas, em termos de receber o que esperam, que não para de crescer, e esse nível sempre crescente de expectativas é uma brecha para nossos concorrentes. Comparativamente, é mais fácil fazer com que um consultor de serviços profissionais preexistentes pareça negligente, lento e fora do

ritmo – em relação a serviços e atividades tangíveis em relação ao cliente – quando o concorrente se mostra um predador atento que está de olho na situação. As expectativas do cliente em reação ao nível de qualificação do concorrente são menores do que as dedicadas a um consultor preexistente, então, o cliente se mostra mais tolerante com o consultor concorrente, e se vê absolutamente perplexo e encantado quando ele exibe mais percepção que o esperado. O time de predadores da concorrência geralmente é formado pelos operadores mais dinâmicos e com os melhores cérebros – gente envolvente, empolgante e convincente. Agora, faça um contraste entre os predadores recém-chegados e a velha equipe, desestimulada e cansada de trabalhar, durante muitos anos, com o mesmo cliente, um cliente que não demonstra empolgação visível a cada reunião e que está sendo seduzido por um time de competidores classe A que lhe propõe novos rumos para o negócio.

3 – Os clientes também são pessoas, e adoram se sentir especiais, como ocorre com todo mundo. É difícil parecer dinâmico e com ar revigorado ao longo de todo o relacionamento, então, é muito mais fácil para um intruso se mostrar mais atencioso e cheio de energia.

É preciso matar um leão por dia para conseguirmos nos proteger da letargia natural que assombra um relacionamento antigo. Para matar esse leão todos os dias, temos de nos estimular diariamente ao chegar à nossa mesa de trabalho, ligar o computador e encontrar um e-mail enviado pelo cliente que começa com um entediante "Caro John". Cuidado: os sedutores profissionais estão lá fora, trabalhando a todo vapor, e são competentes. Provavelmente, estão conversando com seu cliente neste exato momento, oferecendo um novo conjunto de pesquisas, uma visão atualizada do mercado, um produto inovador ou um estudo profundo da concorrência – iscas irresistíveis.

A única maneira de se resguardar contra o ataque dos concorrentes em busca de sua posição é perguntar a si mesmo: "Como será possível provar para o cliente, no dia de hoje, que ele está com a equipe certa?"

A história do auditor

A AuditComCo é uma empresa especializada em fazer auditoria na área de comunicação e marketing das maiores empresas de publicidade. Eles oferecem dados sobre padrões a serem alcançados e conselhos sob medida a respeito da eficácia e da produtividade das despesas de marketing e comunicações.

Richard era o presidente recém-empossado. Junto à sua diretoria, ele estabeleceu que sua forte posição no mercado britânico ficaria provavelmente estável ou, na pior das hipóteses, declinaria um pouco, sob o ataque dos competidores e da pressão para diminuir as margens de lucros. Concluíram que era preciso investir na área internacional, ainda imatura. Para chegar a essa conclusão, foram auxiliados por dois fatores.

O primeiro é que existia a tendência em buscar a globalização entre as grandes agências de propaganda do mundo – o ritmo da mudança variava, mas a direção era clara: decisões locais eram suplantadas pelas regionais, e as decisões regionais eram suplantadas pelas globais. O segundo fator é que a AuditComCo poderia alcançar as ambições de fazer crescer a base de negócios a partir do seu manancial de clientes preexistentes, muitos dos quais já desenvolviam operações em nível regional ou global.

Por conseguinte, sua estratégia foi construir sobre essas fundações e buscar desenvolver um plano de crescimento que alavancasse e pudesse crescer com base nos relacionamentos com os clientes preexistentes, a fim de gerar um negócio verdadeiramente internacional. No fundo, eles sabiam que o crescimento interno era a rota para o futuro.

O primeiro passo ou ação importante foi criar a própria estrutura global, por meio da nomeação de diretores globais de conta (DGCs), um para cada cliente, além de uma equipe de executivos com base local ou regional que lhes servisse de apoio, todos devidamente cientes das ambições da AuditComCo. Isso representou, é claro, uma ruptura: as inter-relações do passado foram modificadas, as perspectivas foram renovadas e a situação ficou menos confortável, mas sem estagnação.

Isso tudo poderia ser considerado um procedimento padrão; mas eles utilizaram outra tática curiosamente valiosa: a reciprocidade. Ou seja, um DGC A (com base de atuação nos Estados Unidos, por exemplo), responsável pelo cliente A, poderia ter um DGC B (no Reino Unido), trabalhando em sua equipe de apoio, e esse mesmo DGC B poderia ter o DGC A trabalhando com sua equipe junto ao cliente B.

A ideia é que essa reciprocidade serviria para incentivar interdependências positivas, de modo que os dois o DGCs (A e B) perceberiam que, se trabalhassem juntos, as chances de sucesso seriam ampliadas; assim, se um deles colocasse toda a energia em determinado projeto, seria possível que seus colegas também lhe oferecessem apoio irrestrito. Isso deu certo, de forma magnífica, mas Richard comentou que levou mais de um ano para as pessoas embarcarem na proposta e se comprometerem; alguns membros das equipes não conseguiram isso, mesmo depois de 12 meses. Essas pessoas acabaram saindo da empresa e foram substituídas por novatos capazes de entender que uma perspectiva internacional seria a fórmula vencedora, não só para a companhia, como também para si mesmos! O ponto curioso é que muitos desses novos funcionários não eram especializados em consultoria, mas vieram de diversas funções em que lidavam diretamente com os clientes.

O segundo passo foi "aplicar o processo dos novos negócios para desenvolver os negócios preexistentes". A finalidade disso era assegurar que seus esforços seriam, como Richard dizia, "Planejados, mais eficientes e proativos – e não caóticos e anárquicos".

Eles gastaram tempo e dinheiro procurando um conjunto de rotinas específicas adequadas e eficazes, com o intuito de mapear os clientes. Como qualquer pessoa que já tenha trabalhado internacionalmente sabe, muitas vezes estruturas organizacionais simples servem para disfarçar uma realidade confusa, cheia de incertezas, perturbações e contradições. Mesmo em uma estrutura simples, um diretor global é capaz de receber três (ou até mais) relatórios regionais, os quais, por sua vez, representam suas próprias equipes, que devem trabalhar com equipes nacionais; tudo isso é complicado pela presença de questões de suprimento e de administração orçamentária, que também funcionam em nível global, regional ou local.

A AuditComCo decidiu desenvolver um sistema personalizado de relacionamento. "Precisávamos saber quem tinha poder de dizer sim ou não, quem administrava o orçamento, quem gerenciava os projetos gerais e técnicos, bem como analisar a interação entre todas essas pessoas. Essencialmente, precisávamos saber quem tinha autoridade sobre o que e sobre quem, e quais as pessoas de fora que exerciam influência nisso tudo."

Em seguida, eles desenvolveram uma série de reflexões para demonstrar por que e de que modo poderiam tornar-se valor agregado para o cliente. Promoveram inúmeros debates baseados na razão, ouviram histórias, testemunhos, e deram apoio a iniciativas de pesquisa – tudo isso para demonstrar a qualificação.

Seu principal ângulo de ataque, porém, foi mostrar que eles e seus serviços poderiam proporcionar aos clientes uma grande economia de tempo e, acima de tudo, de dinheiro. Um plano rudimentar, certamente; simples demais, talvez; mas muito eficiente, como ficou claro. O fato é que isso atacou de frente um dos maiores problemas que todas as organizações internacionais enfrentam: a duplicação, ou, às vezes, triplicação de esforços quando a atividade global se sobrepõe à local. Isso acontece, principalmente, com empresas que passam por um processo de globalização, em que os custos dos novos processos se combinam com os custos de alguns sistemas antigos que persistem na empresa.

A abordagem de venda para os clientes da AuditComCo passou a ser: "é assim que faremos vocês economizarem dinheiro (e tempo); é assim que vocês vão poder cumprir seus compromissos internacionais; é assim que vocês vão se tornar heróis em sua área."

Os resultados da sua reestruturação, da sua dedicação à arte de compreender os clientes e o foco nos benefícios que ofereciam (em vez de alardear os méritos da sua qualificação) levaram a uma modificação do perfil de negócio na AuditComCop. Eles mantiveram sua base britânica, mas aumentaram o nível de participação nos negócios internacionais em uma taxa que variou de 20% a mais de 70%.

Aplaudimos com entusiasmo sua liderança. O crescimento interno sempre acontece de forma significativa, em vez de gradual, quando o movimento vem de cima. Aplaudimos também os focos nos benefícios reais que eles ofereceram a seus clientes. Reconhecemos, por fim, a forte reorganização interna exigida por essa nova abordagem, sem a qual seus planos teriam naufragado.

Lições mais importantes

> As ambições de seus clientes são os meios para alcançar o próprio crescimento.

> Uma reestruturação poderá ser necessária. Isso é doloroso e leva tempo.

> Desenvolva sistemas personalizados para conhecer o cliente.

> Crie argumentos convincentes que mostrem ao cliente por que ele deveria continuar confiando a você mais projetos e outras tarefas.

2

Como gastar mais tempo com os clientes certos

Quando aconteceu a recessão das empresas ponto-com, que atingiu a indústria de comunicação e marketing no início dos anos 2000, havia um ponto em comum entre as empresas que continuaram bem, financeiramente, nos anos difíceis. Elas eram, exatamente, as empresas nas quais parecia não haver ninguém nos escritórios. As companhias que iam bem estavam com suas salas vazias, mas não haviam demitido todo mundo, como parecia à primeira vista. Na verdade, os empregados tinham ido para a rua, sim, mas com o intuito de visitar clientes em seus escritórios, em busca de oportunidades para ajudá-los. Observe que esses clientes também estavam sofrendo com as turbulências no mercado. As outras empresas de consultoria, as que foram mal durante a recessão, viviam cheias de funcionários sentados em suas estações de trabalho, pessoas que simulavam estar muito ocupadas para ninguém perceber o quanto eram dispensáveis! Gente que enfiava a cara na mesa, como se estivesse trabalhando, só para proteger o próprio emprego, em vez de ir para as trincheiras da crise, ao lado dos clientes.

Em um estudo conduzido pelo Remsen Group e publicado em 2006 (*Esforços individuais de marketing – como vender serviços profissionais*), havia uma pergunta: *"Qual das táticas de marketing apre-*

sentadas a seguir o seu escritório de advocacia julga mais eficiente para gerar lucros?" Websites, boletins informativos, material extra, artigos relacionados, palestras e seminários foram escolhidos por 27% dos profissionais. Quem ganhou disparado foi a opção "visitar os clientes", que recebeu 61% das respostas. De fato, não existe método melhor para desencadear uma avalanche de lucros do que passar algum tempo cara a cara com o cliente, tendo um dialogo estruturado e significativo a respeito de suas necessidades e exigências – ainda mais se você já tiver em mente uma forma de ajudá-lo. Muitas vezes, só estar lá, ao lado dele, já ajuda a fazer com que as oportunidades apareçam. Como dizia Woody Allen: "80% do sucesso dependem apenas de o sujeito aparecer na hora certa."

Uma empresa que prestava consultoria na área de relações públicas recebeu de seu cliente a notícia de que não havia dinheiro para RP no orçamento do ano vindouro. Portanto, não aconteceria atividade alguma nessa área. A empresa de RP se prontificou a ceder uma das funcionárias para trabalhar nos escritórios do cliente três dias por semana, para ele ter a quem recorrer, caso precisasse. Em quatro meses essa funcionária gerou 1 milhão de euros para a empresa de RP. E isso de um cliente que, 16 semanas antes, estava com o orçamento estourado! As pessoas iam sempre procurar a funcionária de RP para auxiliá-las a fazer isso e aquilo, e perguntavam se ela poderia ajudá-los com um projeto que precisavam terminar. Como viram, *estar presente* é importante. Isso coloca você em uma posição a partir da qual é possível ajudar.

Onde você e sua empresa estão gastando o tempo? Esse tempo está sendo gasto de forma lucrativa? Um estudo sobre a quantidade de tempo que as empresas passam com os clientes de diferentes níveis de lucratividade mostrou-se muito revelador quanto aos pequenos clientes, que absorvem uma quantidade de tempo desproporcionalmente elevada de seus consultores. Veja o quadro a seguir:

Lucro mensal do cliente	% clientes	% receita	% visitas	% lucro
Mais de US$ 100.000	6%	28%	11%	38%
De US$ 50.000 a 100.000	16%	48%	17%	52%
De US$ 25.000 a 50.000	30%	14%	38%	8%
Menos de US$ 25.000	48%	10%	34%	2%

Fonte: Learning International.

É como um antigo chefe nosso costumava dizer: "Atire onde os patos estão voando!" Certifique-se de focar os esforços nas áreas de maior lucro potencial, sem desperdiçar tempo valioso com clientes que não têm potencial de melhorar o desempenho financeiro de sua empresa, sugam seu tempo e recebem mordomias. Por falar nisso, se você oferece mordomias a clientes pequenos, acabará servindo mal os clientes grandes, justamente aqueles que lhe trazem mais lucros. Esse é um terreno muito perigoso para se trabalhar.

Outro motivo pelo qual você deve chegar junto e permanecer ao lado do cliente tanto quanto possível é que você precisa cobrir todas as bases. Muitas vezes, as empresas que prestam serviços têm excesso de confiança em um ou dois contatos profundos e fortes dentro de uma determinada empresa e não se protegem de forma ampla. Isso os deixa expostos e vulneráveis, no caso de um desses contatos ter problemas ou sair da empresa. Portanto, é importantíssimo ter vários pontos de contato dentro de uma empresa. Além de servir de proteção contra contatos importantes que são cortados, isso também é um reconhecimento da complexidade do processo de tomada de decisões na maioria das empresas. Se você tiver sorte, poderá conseguir um único contato que será também a pessoa que toma as decisões e poderá decidir se você vai conseguir ou não mais trabalho de determinado departamento ou organização. O mais comum, inclusive, é que existam várias pessoas na empresa que decidem se vão ou não contratar mais serviços de consultoria.

Tamanho da empresa por número de funcionários	Número médio de pessoas que tomam decisões	Pessoas visitadas pela equipe de vendas
Menos de 200	3,43	1,72
De 200 a 400	4,85	1,75
De 401 a 1.000	5,81	1,90
Mais de 1.000	6,50	1,65

Fonte: Learning International.

Essa pesquisa mostra que uma companhia que emprega mais de mil pessoas tem 6,5 pessoas, em média, que influenciam na tomada de decisões quanto à contratação de serviços. No entanto, dessas 6,5 pessoas, apenas 1,65 recebe a visita de alguém oferecendo seus serviços. Obviamente, isso significa que a maioria das pessoas que influencia a contratação não tem contato com a empresa que tenta vender seus serviços.

Faça uma auditoria entre seus clientes principais

1 – Quanto do seu tempo você está *refletindo a respeito* de negócios de seus clientes, em relação ao tempo que passa *colocando a mão na massa* nos negócios de seus clientes?

2 – Quais os clientes que estão recebendo mais atenção de sua parte? Eles são os clientes certos para receber esse foco?

3 – Onde você está na curva do relacionamento com o cliente? Que provas independentes você tem, a partir da auditoria mais recente, que confirmem ou neguem sua suposição?

4 – Quantos pontos de contato você tem junto de seu cliente? Quais os mais fortes? Onde você é mais vulnerável?

5 – Dentre as recentes, quais foram as três iniciativas mais arrojadas que você tomou em relação a seu cliente? Qual o nível de sucesso alcançado?

6 – Com que frequência seu chefe ou gerente-geral se encontra com seu cliente? Quais os resultados do último encontro?

7 – Quando foi que você conseguiu esse cliente? Ele tem o compromisso de apresentar uma avaliação dentro dos próximos 18 meses?

8 – Qual o sangue novo que você injetou em sua equipe para revitalizar o relacionamento com seu cliente?

9 – O que você sabe a respeito da vida pessoal de seus clientes? Que tipo de pessoas eles são? Quais os interesses deles fora do trabalho?

10 – Se você tivesse de fazer uma apresentação para a abordagem de vendas desse cliente, como se fosse um concorrente de sua empresa, o que faria de diferente? Como se comportaria? Como poderia religar todos os seus instintos e renovar a energia, a fim de revitalizar essa parceria comercial?

3

Como se comunicar melhor com os clientes

Todos os negócios, em última análise, têm a ver com pessoas. Não existe nenhum empreendimento mais gratificante do que a observação dos outros seres humanos; não no sentido de manipulá-los ou controlá-los, mas sim no sentido de se comunicar melhor com eles, conseguir melhor compreensão entre as pessoas e ajudar seus respectivos negócios a prosperar.

Nosso herói, Dale Carnegie, sabia por instinto que pessoas aceitam as pessoas e compram delas. Em geral, elas aceitam e compram das pessoas que apreciam e respeitam. Dificilmente elas compram das pessoas de quem não gostam ou daqueles que não respeitam. Além disso, embora se diga que no amor os opostos se atraem, nos negócios essa regra raramente se aplica.

A arte de trabalhar com os clientes é compreendê-los tão bem quanto a necessidade de seus negócios. É também ser capaz de expressar para os clientes conselhos e propostas em termos que eles julguem confiáveis e aceitáveis. É importante compreender que existem pessoas por aí que pensam e veem o mundo de forma muito diferente da sua.

Compreender como você é e a forma como se comunica é apenas o começo do caminho rumo à geração de relacionamentos bons e lucrativos. Você também deve buscar compreender os outros e, então, expressar suas recomendações com um estilo especial, e de um jeito que crie pontos de afinidade, e não de conflito.

Existem muitas ferramentas para ajudá-lo a analisar seu estilo de comunicação e compará-lo com o de outras pessoas. Temos a Análise Belbin, a Myers Briggs, além de uma série de técnicas para a avaliação psicométrica de perfis. Tente qualquer uma delas e você conseguirá melhor comunicação com os clientes. Descubra o sistema que funciona melhor para você.

Costumamos usar um teste simples com uma matriz de avaliação de estilos de comportamento para os quatro tipos básicos de pessoas. Esse sistema divide o mundo entre os que são motivados basicamente pelos relacionamentos e aqueles que são focados mais em determinada tarefa; entre aqueles que preferem perguntar e os que preferem descobrir. Embora existam nuances de diferenças entre esses tipos, e até dentro deles, eles são descritos, em suma, como:

Expressivos – pessoas orientadas por relacionamentos e motivadas pelas ideias, especialmente pelas próprias ideias!

Amigáveis – pessoas orientadas por relacionamentos que gostam de consultar os outros e perguntar sua opinião.

Motivadores – pessoas orientadas para tarefas e que preferem liderar e dizer aos outros o que fazer.

Analíticos – pessoas relacionadas com tarefas, que gostam de pesar as evidências de forma objetiva e também de fazer perguntas.

Em termos genéricos, os Expressivos e os Motivadores, quando entram em confronto, defendem seu território. Quando pressionados, os Expressivos partem para o ataque, enquanto os Motivadores se tornam cada vez mais insistentes e ditatoriais. Os Amigáveis e os Analíticos sempre fogem do conflito, pois o julgam difícil e inútil. Os Amigáveis buscam sempre o acordo, nunca o confronto, em caso de resistência. Os Analíticos tentam evitar conflitos atendo-se aos fatos.

Se você for capaz de identificar com qual tipo de pessoa está lidando em determinada situação, isso o ajudará a se comunicar com mais empatia e eficiência com os diferentes tipos de cliente que encontrar pela frente.

Sabe por que tudo isso é importante? Porque ajuda você a descobrir como se comportar diante de estilos diferentes. Ao conhecer bem o cliente, você conseguirá perceber melhor qual o estilo dele, ou dela. Ao captar o perfil e a personalidade de seu cliente, você poderá entender melhor por que certas abordagens funcionam bem e outras, não.

A seguir estão algumas dicas em estilo **CERTO** e **ERRADO** para você utilizar quando se comunicar com os quatro tipos de cliente.

Pessoas expressivas

CERTO

> Seja aberto, amigável e entusiasmado.

> Estabeleça sua credibilidade com rapidez.

> Chegue na hora (os outros é que estarão atrasados).

> Invista tempo no relacionamento com o seu contato regular.

> Obtenha compromissos por escrito.

ERRADO

> Não entre em detalhes técnicos (essas pessoas se entediam com facilidade).

> Não escreva uma carta se apresentando.

> Não atropele a discussão.

> Não confunda entusiasmo e compromisso.

> Não se esqueça de que essas pessoas mostrarão o mesmo nível de entusiasmo pelo seu concorrente.

Pessoas amigáveis

CERTO

> Seja honesto, sincero e pontual.

> Esteja disposto a compartilhar informações pessoais.

> Apoie os sentimentos e a posição das outras pessoas.

> Resuma as questões principais do negócio delas.

> Sempre explique a elas por que essa é a solução acertada.

ERRADO

> Não as ameace nem coloque contra a parede.

> Não atropele as coisas.

> Não espere um monte de informações factuais logo de imediato.

> Não esqueça que essas pessoas têm dificuldade de abandonar o fornecedor antigo.

> Não seja frio nem distante.

Pessoas motivadoras

CERTO

> Apresente provas bem-documentadas e concisas; ressalte seus resultados, sua competência, sua qualidade, flexibilidade e ação.

> Seja formal, pontual e sucinto.

> Deixe que elas falem – isso se mostrará um ponto relevante.

> Atenha-se aos fatos na hora de fazer perguntas.

> Ofereça-lhes opções.

ERRADO

> Não perca tempo conversando sobre bobagens.

> Não tente competir com elas nem adquirir o controle da situação.

> Não lhes dê conselhos, opiniões nem recomendações.

> Não exagere nos detalhes.

> Não faça o estilo "É tudo ou nada".

Pessoas analíticas

CERTO

> Envie uma agenda antecipada para a reunião e solicite feedback.

> Chegue na hora e mostre-se bem-preparado, com fatos e provas documentais, com precisão e qualidade.

> Seja claro e prático.

> Liste os prós e os contras de forma lógica (essas pessoas apreciam a organização).

> Demonstre o quanto você estará minimizando os riscos para elas.

ERRADO

> Não chegue atrasado; não seja desorganizado, bagunceiro, casual; não fale alto; não seja vago nem se mostre informal demais.

> Não ofereça incentivos pessoais (hospitalidade paga, por exemplo). Essas pessoas são muito focadas no trabalho para usar essas mordomias, e certamente se preocupariam com o que seus colegas poderiam pensar.

> Não ameace. Medo não vai funcionar.

> Não se esqueça de tomar nota o tempo todo; essas pessoas não gostam de repetir as coisas.

> Não deixe de abordar os pontos de ação e os compromissos logo de pronto.

4

Analise de forma mais criativa as questões de negócios de seus clientes

Ao começar a refletir de forma mais detalhada a respeito dos negócios de seus clientes, você precisa olhar para os assuntos de interesse deles de várias formas diferentes, a fim de estimular a própria criatividade. Você poderia se colocar por duas horas, todas as semanas, na posição da famosa estátua *O Pensador*, de Rodin, mas há muitas outras maneiras de gerar ideias e oportunidades.

> Navegue pelo site do cliente e leia tudo o que existe sobre a empresa dele. É espantoso como tão poucas pessoas que trabalham em uma empresa fazem isso. Você, certamente, identificará novos ângulos ou assuntos que a companhia não está explorando bem, ou nem pensou em explorar.

> Navegue pelos sites dos concorrentes do cliente.

> Visite a linha de frente: se eles vendem produtos e serviços diretamente para os clientes, visite suas lojas e também as lojas dos concorrentes.

> Torne-se um cliente. Compre os produtos deles, experimente seus serviços e aprenda com essa experiência. Faça o mesmo com os produtos e serviços do concorrente.

> Fique atrás do balcão por um dia, servindo o público-alvo do cliente e perguntando às pessoas algumas coisas a respeito dos produtos e serviços que ele oferece.

> Vá a uma exposição ou feira comercial do setor.

> Participe de conferências e seminários da indústria ou do setor.

> Acompanhe as equipes de venda em suas viagens.

> Leia todos os dias o noticiário sobre o negócio ou o setor (*Financial Times, The Economist, Valor Econômico, Exame, Você S/A*): você vai perceber que há sempre muitas notícias e informações a respeito dos clientes, os concorrentes e o mercado em geral.

> Faça pesquisas sobre a área.

> Monte um painel de especialistas composto por analistas de diferentes disciplinas.

> Leia os mais recentes livros a respeito do negócio em foco.

> Utilize técnicas de pensamento lateral, como a famosa *Seis chapéus pensantes*, de Edward De Bono.

> Promova um *brainstorm* com colegas seus que não trabalhem com esse cliente.

Existe mais uma ferramenta que poderá ajudá-lo a olhar para as questões de interesse do cliente a partir de novos ângulos. Trata-se de uma lista de perspectivas que podem lhe fornecer novas percepções e insights em qualquer área de negócio. Os nomes formam uma sigla fácil de memorizar: **CAPELAS**. Essa lista é formada por perspectivas que devem ser analisadas uma a uma, e que podem fornecer novos insights para novos negócios. **CAPELAS** significa:

Cliente & concorrentes (tendências e atividades)

Alta tecnologia (impacto nos setor e nos participantes da área)

Política (interna e externa)

Economia e finanças (assuntos financeiros macro e microeconômicos que afetam os negócios do cliente)

Legislação (riscos e oportunidades que podem surgir a partir dos reguladores, Parlamentos nacionais e corporações supranacionais)

Ambiente (ameaças e oportunidades ambientais)

Sociodemografia (tendências sociais e populacionais que possam afetar o desempenho no futuro)

Olhar através de diferentes lentes para o mundo e para como as coisas poderão afetar os negócios de seu cliente é uma forma muito lucrativa (tanto para você quanto para o cliente) de passar suas duas horas semanais. Olhar para diferentes cenários e para o que poderão trazer para os negócios vai lhe revelar múltiplas possibilidades – tanto ameaças quanto oportunidades – e se elas tiverem sido fornecidas ou criadas pela sua empresa, isso o colocará numa posição estratégica em relação à base global de fornecedores do cliente.

Essa forma de exercício consiste em um planejamento básico para diferentes cenários. A seguir damos alguns exemplos dos tipos de questões que podem surgir.

Clientes & concorrentes

Com os clientes exigindo não apenas serviços comuns, mas também serviços extras e com tarifas reduzidas (isto é, *mais por menos*), o que você poderá oferecer a fim de gerar mais valor agregado para eles? Essa guinada na direção dos serviços extras está se espalhando de forma exponencial. A fábrica GE de motores para aeronaves, por exemplo, deixou de vender apenas motores. Agora, ela vende contratos para horas de voo bem-sucedidas. Isso significa que ela fornece motores *mais* equipamentos de monitoramento que servem para prever quando os motores precisarão de manutenção, e qual a equipe certa para realizar esse serviço. Os clientes dos motores para aeronaves GE gostam dessa proposta porque isso torna a vida mais fácil, e as companhias aéreas podem focar mais a atenção em *seus* clientes diretos – os passageiros.

Qual o impacto e quais as implicações que essa tendência de oferecer serviços extras trazem para você e para os negócios com os clientes? De que modo você poderá embutir algo extra em seus produtos e serviços e casá-los com os produtos e serviços de seus clientes em um pacote único que poderá gerar valor agregado? Por exemplo, pode ser que você esteja em algum tipo de negócio que oriente os clientes sobre como lidar com uma crise – algo saiu errado, eles estão sendo processados, tiveram de fazer *recall* de algum produto, estão sofrendo algum tipo de pressão pública ou seus resultados vêm sendo questionados. Você poderá oferecer sua habilidade para prever crises desse tipo. Desse modo, deixará de ser valioso apenas *durante* a crise, e passará a ter um relacionamento proativo e regular *antes* que qualquer crise estoure.

Alta tecnologia

Nos últimos anos a internet proporcionou amplo e fácil acesso a uma gama imensa de serviços de especialistas e consultores. Isso traz deméritos para seu trabalho ou serve para valorizá-lo ainda mais? Como a alta tecnologia poderá ser utilizada para lhe oferecer não apenas uma reputação de *alta confiança* junto aos seus clientes, mas também uma forma *acelerada* de fornecer melhores serviços?

Em alguns períodos da história, como agora, ocorrem *tsunamis* de novas tecnologias – celulares, internet, blackberries. Qual poderá ser o mais novo avanço tecnológico e o que ele trará? Mais surpresas ou uma lenta consolidação do que já existe?

Política

As tendências políticas e as situações que elas podem criar junto aos consumidores têm implicação direta para o estilo e o modo pelo qual os negócios são conduzidos. Analisar os segredos dessa dinâmica serve para produzir formas novas e mais apropriadas de fazer negócios com os clientes, e também de oferecer a eles mais vantagens na área de competitividade.

Economia e finanças

Na área de negócios, tendemos a focar nas questões de curto prazo. Normalmente, estamos focados nos assuntos e tarefas para esta semana, e, às vezes, focamos unicamente no dia de hoje. Preocupamo-nos com um acordo solitário, ou com um projeto em particular. Só que, ao focarmos unicamente no curto prazo, esquecemos algumas tendências econômicas que são muito lentas, mas extremamente poderosas.

Por exemplo: quais as implicações da economia para o mercado de trabalho no qual a organização do seu cliente ou sua empresa atua? Em cinco anos, quais serão o perfil e a quantidade de pessoas altamente qualificadas em sua empresa? Provavelmente, ela será muito mais internacional, cosmopolita e diversificada do que é hoje. Nosso sistema frágil e relativamente fechado enfrentará grandes desafios e imensas reviravoltas. Se os clientes começarem a mover os funcionários, instalá-los em mercados diferentes e ficarem na expectativa de que sejam fluentes em dois ou três idiomas, como você poderá manter um contingente de pessoal para acompanhar e enfrentar essas mudanças?

Legislação

Pode ser que surjam custos evidentes para o negócio de seu cliente na área legislativa (por exemplo, a obrigatoriedade de obter conformidade para leis regulatórias como a de Sarbanes-Oxley), além de outras ameaças menos óbvias ou difíceis de enxergar de imediato. Manter-se ligado no ambiente das agências reguladoras, na legislação doméstica e nas corporações supranacionais poderá produzir novas e numerosas necessidades para os clientes – e, portanto, trazer mais trabalho para sua empresa. Portanto, fique de olho nas pessoas que estão de olho em você!

Ambiente

Qual será o próximo grande lance na área ambiental? Quais os fatores que ajudarão a vender as novas técnicas? A rápida adoção de políticas verdes, o posicionamento quanto ao aquecimento global e a diminuição da emissão de carbono na atmosfera, que estão sendo adotados rapidamente pelos governos e empresários, poderão afetar a sua capacidade de fazer negócios e também a do cliente, se vocês estiverem desalinhados com essas questões. Começando com debates secundários quase insignificantes há alguns anos, as questões ambientais tomaram conta do palco político e econômico, gerando uma série de novas leis movidas por esse turbilhão. O que você precisa fazer? O que os clientes precisam fazer?

Sociodemografia

As pessoas costumavam classificar a si mesmas de acordo com as vizinhanças que ocupavarn, pelo sindicato ao qual pertenciam, ou algum grupo semelhante. Agora, existem muitos grupos que se tornaram cada vez mais importantes ao longo dos últimos anos – grupos de interesses bem-estabelecidos, tais como a Aliança Rural do Reino Unido; grupos de ação definida, como o movimento de protestos contra a Guerra do Iraque; grupos sociais virtuais como o Facebook, o MySpace e o Orkut. Quais as implicações de tudo isso para os clientes? Quais as oportunidades ainda ocultas por trás desses grupos?

Por exemplo: protestos de rua organizados por pensionistas e aposentados praticamente inexistem no Reino Unido; nos Estados Unidos, porém, o grupo que tem o maior poder de lobby é a Associação Americana de Aposentados. Ela exerce efeito gigantesco na política, sobre uma larga gama de assuntos: pensões, cuidados médicos, design de veículos, preços dos serviços de tevê a cabo, práticas de investimentos e assim por diante.

Quais são as estratégias do seu cliente diante desses grupos influentes? Que ameaças e oportunidades eles estão trazendo para a área dos serviços que você fornece? Quais os novos grupos que poderão surgir e a que custo para os clientes?

Dez superdicas dadas por clientes

Encontramos clientes todos os dias. Nunca perdemos uma oportunidade de lhes perguntar o que desejam dos consultores e fornecedores de serviços profissionais. Aqui estão algumas das respostas que ouvimos constantemente. Mesmo que você ache que já sabe o que os clientes querem, não custa nada relembrar.

1 – Proatividade: "A frase que mais ouvimos o tempo todo da maioria dos nossos consultores é: 'O que você quer?' A frase que mais gostaríamos de ouvir é: 'Para alcançar o que você quer, eis o que deveria fazer, por que e de que modo.' Se você me oferecer conselhos que me inspirem, poderá se tornar meu consultor oficial, não apenas um fornecedor de palpites."

Existe uma gama enorme de clichês que são despejados sobre o cliente por empresas prestadoras de consultorias. Eles parecem ótimos de ouvir, mas raramente resistem a uma análise mais apurada. "Somos extremamente inovadores" e "Temos orgulho de agir com base em ações objetivas e rápidas para o bem dos nossos clientes" são as duas mais comuns. Mas quais são as provas e os resultados posteriores dessa "competência"? Se você diz que é inovador, o que pode fazer para provar sua afirmação? Que prova de inteligência inovadora dentro do seu campo de atuação você possui? Que exemplos de sucesso junto a outros clientes você tem para exibir? Como sempre, pretensão sem provas não passa de uma série de autoelogios exagerados, tudo blá-blá-blá. Ser proativo significa estar bem substanciado em exemplos, de preferência os que demonstrem esforços além e acima do serviço feito só para mostrar interesse e cumprir o contrato. Ir acima e além do cumprimento do dever é o que servirá para diferenciar a experiência de lidar com sua empresa e lidar com qualquer um dos concorrentes.

Todos nós sabemos que as pessoas que fazem esforços extras na hora de nos auxiliar (isto é, são proativos, para usar o jargão da área) multiplicam por dez uma boa imagem. Ouvimos o tempo todo histórias sobre feitos heroicos de equipes de empresas que realmente são grandes e se destacam em sua área. É o caso das pessoas que trabalham na Tesco, por exemplo, uma importante loja de departamentos britânica. Os funcionários circulam pelas lojas e tentam ajudar qualquer cliente que procure um produto em especial ou que não se encontra nas gôndolas. Eles vão até o depósito, pegam o produto e o entregam ao cliente no momento em que ele chega ao caixa. Há equipes de SAC e de atendimento telefônico que transformam em missão pessoal a resolução do problema do cliente, sem precisar repassá-lo de um atendente anônimo para outro. Quando encontramos essas pessoas, sentimos que elas exibem uma mentalidade que proclama o quanto são proativas. São pessoas adoráveis de conhecer, mas são raras, e é por isso que sempre as recomendamos aos nossos amigos!

2 – Compreenda o ambiente em que seu cliente tra balha: "Seja prático em sua abordagem. Seja rápido! Ofereça-nos contribuições imediatas. Faça com que nossa empresa saia bem na foto! Tenha flexibilidade de tempo e de custos."

Os clientes geralmente trabalham sob enorme pressão de tempo e custo: eles precisam de ajuda para fazer com que as ideias sejam adotadas de imediato, e você poderá ajudá-los não apenas fornecendo as melhores respostas, mas também pensando na melhor forma de essa resposta ser dada. Pense além da apresentação na qual você está trabalhando. Reflita sobre as políticas internas que podem estar em jogo, sob a ótica do cliente. Como está a atuação do cliente, do departamento dele ou da empresa como um todo, no momento? Qual é a cultura típica da empresa do cliente? O que realmente interessa a ele? Por quais coisas você deve lutar e o que é mais fácil de negociar ou conciliar? Ser minucioso ou lento quando o cliente espera pragmatismo e velocidade – como acontece muitas vezes – é danoso para sua atuação. Seja oportuno – saiba quando ser firme e também quando ceder. Ajude o cliente a brilhar de todas as formas que conseguir. E faça tudo isso com força e empenho, sempre falando uma língua que a companhia compreenda e aprecie.

3 – "Visite regularmente a linha de frente."

Não se coloque em uma torre de marfim. Mesmo que você seja um advogado bambambã, se o cliente possuir lojas, compre nas lojas dele. Se o cliente fabrica sabonetes, tome banho com eles. Faça o que puder para se manter intimamente envolvido com os interesses e negócios dos clientes. Mas não use seus produtos nem visite suas lojas de forma passiva. Repare o que está acontecendo à sua volta. Descubra os que os clientes do seu cliente estão fazendo e dizendo. O que você acha dos produtos e dos serviços do seu cliente? Como eles poderiam ser aprimorados? Se você oferecer ao seu cliente ideias ou insights novos a respeito do negócio dele como um todo, em vez de se preocupar unicamente com a parte que lhe diz respeito, eles ouvirão seus conselhos com mais respeito e sincera atenção.

4 – "Clientes fazem sondagens uns com os outros."

Em outras palavras, os clientes conversam e trocam ideias uns com os outros. Discutem os méritos relativos dos fornecedores e consultores. Espalham as boas e as más notícias a respeito das experiências. Perguntam uns aos outros quem devem contratar, quem é bom e quem não é. Você não existe no vácuo. Fique ligado! Não faça inimigos.

5 – "Em um mundo em que, cada vez mais, o suprimento é basicamente uma mercadoria, é difícil identificar o fator mais importante e o diferencial mais razoável. Se a sua empresa de consultoria está no alto do ranking, você, certamente, tem essa capacidade. Acima de tudo, porém, lembre-se de que os conselhos e os insights podem realmente fazer a diferença."

Muito provavelmente você trabalha para uma empresa conceituada em sua área de atuação. Seus clientes, porém, têm mil escolhas – o que não falta no mercado são empresas que podem desempenhar o mesmo papel que a sua. No entanto, se você correr atrás, descobrir mais coisas e usar o tempo de forma mais produtiva, conseguirá respostas mais úteis que os concorrentes. E se você se referir o tempo todo ao seu cliente e ao negócio dele, em vez de falar da empresa, conseguirá ser sempre relevante e interessante. Quem você ouve com mais atenção? Alguém que diz "Eis aqui o que descobri a respeito de você e do seu negócio, e aqui está o que posso fazer para ajudá-lo nesse assunto", ou alguém que diz "Eis aqui as coisas que fiz por outras pessoas no passado, e eu trouxe algumas ideias gerais que talvez possam ajudá-lo"? A resposta é fácil, certo? Não confie unicamente na boa reputação de sua empresa e nas infindáveis listas e rankings – os clientes não acreditam neles, mesmo. Quando sua empresa está mais afinada, oferece mais apoio aos clientes e realmente analisa com cuidado os interesses deles, destaca-se de longe.

6 – "Ajude-me! Pare de me empurrar seus produtos disfarçados sob o nome de revisão de riscos."

Não seja um vendedor cínico, não importa a pressão sob a qual esteja. Aja de forma sincera, visando o que for melhor para o cliente em todos os momentos. Não pense que ele é tão idiota que não vai perceber seu desejo egoísta de lhe vender esta ou aquela solução. Seja criterioso quanto ao que você leva para o cliente. Muitas vezes, as empresas de serviços colocam uma imensa pressão nas equipes, e fazem um bombardeio semanal dos novos produtos que o setor de vendas os obriga a apresentar, independentemente das necessidades do cliente, na esperança vã de que, se o cliente receber uma enxurrada de ofertas, alguma vai colar. A questão de ter o cliente ao seu lado, ouvindo-o, é que você tem a oportunidade de perceber com precisão o que ele precisa. Isso não deve ser uma chance de lhe empurrar algo. É como um cliente nosso comentou, certa vez: "Os consultores que têm paciência para construir relacionamentos e buscam compreender a mim e ao meu negócio terão destaque em relação aos outros na hora da decisão."

7 – "Busque as crises."

Quando a situação não é boa e o cliente está sob imensa pressão para apresentar resultados e salvar a pátria, esse é o momento certo para você consolidar o relacionamento da forma mais segura. As crises forjam as ligações fortes, porque são temperadas pelo fogo do conflito. Se você está calmo, mas reconhece a necessidade de empenho, ofereça conselhos honestos, traga as más notícias, mas permaneça firme e forte ao lado do cliente. Resolva o problema, aja de forma humilde e você terá um cliente para a vida inteira. Exiba uma vontade incansável de ajudar, além de criatividade e espírito empreendedor – estas são as qualidades que o cliente mais valoriza em seus aliados.

8 – "Números. Este é o idioma dos negócios. Fale fluentemente essa língua."

Todas as decisões de negócios devem ser justificadas com base em critérios financeiros. Assegure-se de que a proposta tem uma base financeira racional. Isso pode parecer óbvio para quem é contador ou banqueiro, mas se você não consegue entender um balancete ou um relatório de lucros e perdas, não espere moleza na hora de apresentar uma proposta à diretoria. Quando você puder, e sempre que puder, tente embutir um contexto financeiro à necessidade do cliente agir, além de uma justificativa financeira para a ação em si. Se seu idioma nativo é arquitetura, marketing, engenharia, imóveis ou legislação, aprenda um segundo idioma: dinheiro.

9 – "Simplifique suas vendas. Elimine o jargão técnico."

Nem sempre você lida com um único cliente. Muitas vezes há um número grande de clientes, vindos de departamentos diferentes ou com históricos diversos, e todos estarão envolvidos nas decisões. Alguns terão habilidades técnicas muito fortes na disciplina que você representa, mas pode ser que outros não possuam conhecimento especializado, nem estejam familiarizados com a terminologia da disciplina. Todos deverão ser alcançados. Se você é um advogado ou um banqueiro corporativo falando a respeito das complexidades de um fundo de pensão, é seguro assumir que o tesoureiro da empresa e o diretor financeiro compreenderão tudo o que você disser. Porém, o que acontecerá se você estiver diante de um representante sindical? Certifique-se de que está sendo absolutamente claro a respeito do que está pedindo que a equipe aprove. E as coisas não devem ser claras como cristal apenas para você, mas para todos os participantes do evento.

10 – "Relacionamentos servem de atalhos na cadeia gerencial do fornecedor."

As empresas dos clientes precisam de critérios objetivos e estratégicos, por meio dos quais nomeiam consultores e parceiros para negócios. A intenção por trás desses critérios é remover toda a subjetividade e a interferência dos relacionamentos pessoais do processo de tomada de decisões. Embora isso seja admirável, o fato é que, em última análise, quando as empresas adquirem serviços, elas estão adquirindo relações com pessoas. Conhecemos muitos clientes que nos confidenciaram, extraoficialmente, que, apesar de passarem por toda a operação de seleção lógica e objetiva (pois isso é uma exigência do processo), muitas vezes já sabem perfeitamente quem querem usar, não obstante os processos protocolares que estejam em vigor. Se eles puderem oferecer o trabalho para alguém que já conheçam e em quem confiem, a objetividade será sacrificada em prol do julgamento pessoal.

5

Organize o pensamento: o esquema NASA

Depois de refletir a respeito dos negócios do cliente, você precisa decidir sobre vários assuntos importantes para levar à apreciação dele. Recomendamos que marque uma reunião dedicada a conversar a respeito dessas questões, e apenas essas. Se você tentar encaixar uma conversa sobre questões estratégicas ao final de uma reunião regular sobre fluxo de trabalho, não vai dar tempo de resolver nada, as questões mais importantes nunca receberão a atenção devida, e seus esforços irão por água abaixo.

Sugerimos que você tenha como meta uma reunião que trate unicamente de planejamento estratégico junto a um gerente de alto escalão, pelo menos trimestralmente. É claro que o ônus de tornar essa reunião estimulante e irresistível recairá sobre você. E ela não será um bom investimento de tempo se não levar à ação real por parte do cliente. Sugerimos que utilize essa reunião para atualizar rapidamente o cliente a respeito de qualquer informação sobre a companhia que seja relevante e da qual ele deva ter conhecimento.

Toda reunião, especialmente uma reunião tão importante quanto essa, precisa de estrutura. Acreditamos que a estrutura apropriada para essa reunião estratégica possa ser resumida pelo: **NASA**.

N – Novidades que seu cliente deveria conhecer a respeito da empresa: artigos que tenha publicado, eventos que você organiza, prêmios ou reconhecimento da indústria que tenha recebido, novos clientes e pessoas de alto nível a quem você esteja ligado ou que tenha contratado para assumir novas e relevantes responsabilidades na empresa. Isso deve representar uma parcela objetiva e sucinta da apresentação. Não devemos perder tempo falando de nós mesmos, já que estamos ali para debater os interesses do cliente.

Parece-nos estranho que as companhias tenham o hábito de apresentar suas credenciais apenas por ocasião dos primeiros contratos. Por que não fazê-lo também para os clientes preexistentes? Se você não fizer isso, o conhecimento que seu cliente terá a respeito de sua empresa ficará cristalizado no passado, com a imagem da época em que você foi contratado. Além disso, lembre-se de que ele estará recebendo inúmeras apresentações de credenciais dos concorrentes, e conhecerá mais a respeito dessas empresas do que sobre você. Isso não é nada bom para os negócios. Como os clientes antigos poderão oferecer seus serviços para colegas do mesmo setor se não souberem:

a) o que mais você está capacitado a oferecer e

b) se você está ganhando ou perdendo no mercado em que atua?

Assim como as demais pessoas, os clientes apreciam saber que estão trabalhando com vencedores, e precisam se manter em dia com as coisas que você pode fazer por eles. Mas seja sucinto!

A – Assuntos relacionados à área de negócios do seu cliente. Essa é a essência da reunião. É o momento em que você e sua equipe focarão a atenção do cliente em duas ou três das questões mais importantes quanto à capacidade da empresa, e a respeito das quais o cliente precisará tomar uma atitude ou elaborar um plano de ação. É o momento no qual o valor coletivo de todas as horas semanais gastas estudando os negócios do cliente, a rigorosa análise **CAPELAS**, os *brainstorms* e as informações que você conseguiu em campo, entre outras coisas, chegarão à mesa de discussões de forma direta e convincente. É a esse momento que você deve devotar a maior parte do tempo da reunião, e também é nesse momento que poderá ajudar o cliente a compreender a necessidade de fazer algo a respeito da situação.

S – Serviços que podem agregar valor. É pouquíssimo provável que seu cliente esteja plenamente consciente de tudo o que você pode fazer por ele. Essa é a oportunidade de familiarizá-lo com as áreas do seu serviço que normalmente ele não utiliza, mostrar as novas linhas de produtos ou serviços que sua empresa oferece e perguntar-lhe sobre suas ideias no que diz respeito às inovações que poderiam ser feitas para aprimorar os serviços que você oferece. Alguns casos poderão ser apresentados nessa hora, desde que isso ocorra de forma rápida, pertinente e interessante. Você também poderá convidar um especialista em determinada área para a reunião e pedir para ele apresentar insights e observações que o cliente certamente apreciará.

A – Algo extra. Acreditamos que você deve, sempre, fornecer ao cliente algo especial, por menor que seja. Algo a mais que sirva para agregar valor ao serviço que você presta. Pode ser um livro, um artigo que você publicou ou leu recentemente e julga que poderá ser do interesse dele. Quem sabe uma informação ponderada que você imagina que ele vá valorizar. Talvez alguma coisa relacionada a um hobby ou a algum interesse pessoal dele. Também pode ser um convite para a celebração do aniversário do dia em que o cliente assinou o primeiro contrato com você. Seja o que for, faça algo que mostre ao cliente o quanto você preza o relacionamento.

Se a reunião tiver um resultado muito favorável, com tudo correndo bem de verdade, você poderá perguntar ao cliente se, conhecendo tão profundamente sua companhia (ainda mais agora, depois dessa atualização), ele se lembra de mais alguém na organização dele, ou no mercado em geral, que possa precisar dos serviços. Sim, isso talvez pareça um pouco insolente, mas pode resultar em um contato (você lembra da determinação do Pregador?). Outra opção seria você perguntar ao cliente se ele faria uma declaração a favor da sua empresa. Provavelmente, ele vai sugerir que você mesmo redija essa declaração e vai imprimi-la no papel timbrado da companhia, devidamente assinada. Você poderá afixar esse elogio na parede da recepção da sua firma, como prova de que seus clientes valorizam o que você faz por eles (o que, por sua vez, será muito tranquilizador para os outros clientes).

6

Como utilizar perguntas simples para identificar as verdadeiras necessidades de seus clientes

Sua reunião do tipo NASA deve estimular novos debates e muita discussão. Embora você a utilize para apresentar suas observações, ideias e opiniões, também poderá usar a oportunidade para perguntar ao cliente sobre sua visão de mercado e suas preocupações. Saber como usar bem as perguntas é uma habilidade valiosíssima. As perguntas servem de timão por meio do qual você direciona as conversas com o cliente. Elas podem ser usadas para extrair informações, esclarecer significados, estabelecer motivos, revelar preocupações e conquistar compromissos. Existem tipos diferentes de perguntas, cada qual com um propósito específico.

> Tenho seis honestos serviçais
> Que me ensinaram tudo o que sei
> Seus nomes são Que, Por Que, Quando
> Como, Onde e Quem
>
> *(Rudyard Kipling)*

Perguntas abertas

São desenvolvidas para dar início aos debates e fazer com que seu cliente converse a respeito dos assuntos que você precisa abordar, bem como sua relevância.

Exemplos:

> Como vão os negócios?

> Quais as prioridades em sua área, neste exato momento?

> Quais as áreas que você acha que podem ser aprimoradas?

> Com quais concorrentes você se preocupa hoje?

Perguntas fechadas

Essas perguntas são usadas para determinar pontos específicos da discussão, para confirmar visões e esclarecer significados.

Exemplos:

> Esse assunto precisa ser resolvido de imediato?

> Você quer focar em X ou em Y, hoje?

Perguntas para descobrir fatos

Essa categoria de perguntas foi projetada para descobrir fatos e informações específicas e objetivas. Essas perguntas utilizam as mesmas formas das perguntas de abertura (que, como, quem, onde, quando e por que), mas vêm acrescidas das palavras "exatamente", "especificamente" ou "precisamente".

Exemplos:

> Como, exatamente, você mede sucesso?

> O que, exatamente, você quer dizer com "bom"?

> Para quando, especificamente, você precisa disso?

> Quem, especificamente, está envolvido nessa decisão?

> Você disse que tudo estava bem. O que, precisamente, você quis dizer com isso?

Perguntas para descobrir motivação

Estas questões devem ser utilizadas para estabelecer as motivações dos tomadores de decisão. Aqui temos as palavras "que" e "como" acrescidas da palavra "você".

Exemplos:

> O que fez você decidir que...?

> O que impede você de...?

> O que é importante para você com relação a...?

> O que faz você acreditar que...?

> Como você vai decidir...?

> Como você se sente a respeito de...?

A essência da técnica do bom uso das perguntas é manter a sondagem (de um jeito charmoso e sem confronto, mas de forma persistente) e conseguir respostas específicas. Não se satisfaça com respostas vagas e generalidades – elas não levam a nada.

Ao usar as perguntas de forma apropriada, você será capaz de construir uma imagem, na cabeça do cliente, dos principais assuntos e de por que ele precisa agir logo. Você também direciona a conversa de um jeito lógico, rumo a uma solução.

A história dos serviços de marketing

Françoise é a CEO na Europa, Oriente Médio e Ásia de um dos maiores grupos globalizados de serviços de marketing, a MarcomCo. As empresas operacionais atuam em um grande número de setores: patrocínios, área de saúde, mundo digital, relações públicas. Cada uma dessas agências envia relatórios para seu próprio quartel-general de rede, mas também tem muita responsabilidade na área de decisões, que elas repassam para Françoise e sua equipe regional, que no fim da cadeia representam o acionista.

Trata-se de uma estrutura clássica de gerenciamento matriz, equilibrando as necessidades e as prioridades do acionista com aquelas relacionadas à individualidade de cada uma das companhias em operação.

Françoise está convencida da importância do crescimento interno. Ela afirma: "Esse é o mais lucrativo, além de ser o tipo de trabalho mais gratificante, em termos profissionais." De fato, em 2006 a MarcomCo alcançou mais de 60% do seu crescimento de dois dígitos a partir de contratos e lucros vindos de clientes preexistentes.

Ela continua: "Esse tipo de crescimento é mais lucrativo, porque, comparado aos novos negócios, o crescimento interno é mais eficaz, eficiente, sólido, e se mostra uma excepcional fonte de crescimento como um todo. É também mais gratificante, porque floresce a partir da própria alma da companhia, que oferece serviços profissionais. Ele é o reconhecimento visível de que a companhia respeita e valoriza o trabalho feito pelo consultor e o relacionamento entre eles no futuro."

Françoise divide esse crescimento interno em dois grupos amplos: o que ela denomina de estratégia do "faça bem, mas procure fazer melhor" e a "iniciativa inspiracional". Ela divide esses grupos em oportunidades de Categoria 1 e Categoria 2.

No primeiro caso, ela se refere a uma situação em que a companhia realiza um trabalho realmente excepcional para o cliente e é recompensada por esse cliente com a obtenção de outro contrato, ou com a chance de, finalmente, fazer uma nova abordagem de venda visando novos contratos.

Essa é a forma clássica de crescimento interno – o bom trabalho gera mais situações de bom trabalho, ou, pelo menos, mais oportunidades.

Françoise citou alguns aceleradores óbvios para esse processo. Um deles é quando o bom trabalho produz excepcional retorno financeiro sobre um investimento, de modo que o consultor bem-sucedido consegue não apenas mais trabalho, mas também uma crescente fatia do orçamento da empresa, já que se mostrou capaz de provar que o canal de atuação sugerido por ele traz mais resultados e é mais eficiente que os sugeridos pelos outros consultores.

Quando perguntamos a Françoise sobre a chance de sua companhia expandir a gama de serviços oferecidos aos clientes preexistentes, Françoise se mostrou cautelosa, porém positiva. Ela argumentou que era "difícil mudar o que está no cartão de visitas da empresa". Pela visão dela, os clientes tendem a rotular seus fornecedores em compartimentos estanques, dos quais é difícil escapar. "Alguém é contratado para um trabalho específico, e é difícil pensar que esse alguém possa oferecer outras coisas além da proposta inicial."

Enquanto conversávamos, porém, ficou claro que a situação não estava claramente definida. Em primeiro lugar, alguns indivíduos e companhias poderiam operar e realmente operavam como confidentes e consultores em áreas que extrapolavam os limites das áreas originais de atuação e de especialidade. A McKinsey & Company e outros consultores de gerenciamento eram um exemplo claro disso, bem como alguns banqueiros e advogados individuais. Seu relacionamento com os clientes não conhecia barreiras nem limites, e eles não ficavam estigmatizados como consultores de função única.

Em segundo lugar, Françoise acreditava que o modelo de parceria era uma maneira eficiente de expandir os serviços de uma empresa. Esse é o modelo adotado, por exemplo, por advogados que atuam em áreas específicas: fusões e aquisições, propriedade comercial, propriedade intelectual e assim por diante. A vantagem dessa abordagem, na opinião de Françoise, é que a empresa-mãe seria capaz de oferecer sua experiência por meio da prática, ao mesmo tempo em que manteria uma ligação visceral com a empresa-filha.

A segunda estratégia de crescimento interno que Françoise citou era o que ela descrevia como a "iniciativa inspiradora", ou "oportunidades de Categoria 2". Essas oportunidades surgiriam de um conhecimento e de uma compreensão detalhados dos negócios do cliente, conhecimento esse que só poderia advir da intimidade com a empresa e do relacionamento direto com seus gerentes e líderes do alto escalão.

Ela citou dois exemplos recentes. Um deles foi o de uma companhia de telecomunicações que enfrentava uma queda nos preços e uma revoada de clientes, situações que exigiam um programa de segmentação mais eficiente quanto ao público-alvo. A outra foi uma companhia aérea cujas restrições operacionais mostraram ser urgentemente necessária a implantação de um sistema de check-in on-line mais rápido e eficiente, a fim de superar as limitações físicas do check-in pessoal.

Françoise identificou dois princípios muito importantes que poderiam gerar e manter tais oportunidades de crescimento.

O primeiro era confiança e intimidade. Tal relacionamento poderia ser pessoal, baseado nas relações entre os indivíduos, ou poderia emergir a partir de uma compreensão mais genérica do ambiente de negócios no qual o cliente operava.

Na realidade, Françoise argumentou, os dois tipos de intimidade eram necessários. Um relacionamento pessoal forte permitiria que o cliente falasse de forma espontânea a respeito dos problemas: os assuntos que tiravam o seu sono à noite e para os quais não havia soluções óbvias ou imediatas. Mas a intimidade também era algo importante, não só para permitir uma conversação aberta, mas também para assegurar que a solução proposta teria a chance de ser analisada. A qualidade do relacionamento pessoal forneceria tanto a abertura quanto a chance de fechamento.

Ela afirmou também que essas oportunidades poderiam vir de relações menos pessoais e de conhecimento. Com essa finalidade, ela havia organizado oficinas entre as agências em que as pessoas que estivessem trabalhando com um cliente em comum poderiam se encontrar para discutir seu trabalho e as futuras oportunidades. Essas oficinas geravam valiosíssimos resultados:

1 – Todas as companhias ficaram mais bem-informadas a respeito dos trabalhos de seus colegas e também do cliente – souberam dos objetivos, dos assuntos, das políticas internas dos clientes, quem conhecia quem e também quem não conhecia.

2 – A discussão sempre revelava outras oportunidades simples (da Categoria 1): por exemplo, os locais em que a companhia estava desenvolvendo determinado trabalho visando o objetivo do cliente, mas poderia ser ajudada e receber apoio de outra equipe, que tivesse habilidades complementares.

3 – A oficina poderia revelar – e realmente revelava – as maiores oportunidades da Categoria 2: ao trocar informações e ideias, as agências eram capazes de construir e ver o quadro completo, a totalidade dos negócios do cliente, e não apenas a área específica e estreita com a qual estavam envolvidas.

(Além disso, Françoise reconheceu que uma das grandes barreiras para o crescimento interno era o fato de muitas pessoas hoje em dia serem "ingênuas para negócios". Elas estão mais inclinadas a ler as publicações da própria área, em vez de se informarem pelo *Financial Times* ou por outras publicações que tratam de negócios em geral. Sem essa percepção para a área de negócios "é impossível ver as coisas pela perspectiva do presidente ou do diretor de marketing".)

O segundo princípio era que Françoise precisava ter total confiança de que a empresa que ela recomendara para resolver o desafio do cliente seria capaz de dar conta do recado. Tinha de ter certeza de que ela possuía registros e recursos que trariam confiança logo de cara e asseguraria que seu desempenho, à medida que o projeto se desenvolvesse, não decepcionaria o cliente, nem a ela. Françoise admitiu que estava furiosa com uma agência que recebera vários projetos possíveis mas, até então, não havia apresentado nada de palpável.

Françoise tem grande vantagem nesse ponto. Como presidente de um imenso conglomerado de companhias que cobrem todo o espectro de serviços de marketing, em muitos setores com três ou mais companhias operando ativamente, ela foi capaz de escolher a agência parceira ideal. Graças a isso, foi capaz de orquestrar tanto a oportunidade quanto a melhor solução – ou seja, a agência certa (ou grupo de agências) capaz de oferecer a solução certa.

Françoise é, sem dúvida, uma grande incentivadora dos princípios e das práticas do crescimento interno. Ela encoraja as empresas operacionais a alcançar os mais elevados padrões de desempenho, e sabe que isso criará, de forma natural, mais oportunidade futuras. Entretanto, ela não tem responsabilidade direta na operação das companhias e, portanto, pode apenas incentivá-las e persuadi-las.

Françoise emprega a própria energia para criar e desenvolver oportunidades para que os grupos se cruzem. Ela utiliza sua extensa rede de contatos com pessoas de alto nível gerencial com experiência na área de negócios para identificar e criar oportunidades. Organiza e incentiva sua família de companhias operacionais a fazer uma fertilização cruzada de ideias e iniciativas. Acredita que nenhuma oportunidade sairá do papel sem que exista um alto nível de confiança – seja pessoal, corporativa ou, o que seria ideal, ambas – entre o cliente e a companhia que fornece os serviços, e tem clara compreensão de que o desempenho passado é uma precondição para o sucesso futuro.

Lições mais importantes

> Um grande trabalho é pré-requisito vital para mais trabalho.

> Colocar valor financeiro sobre os resultados ajuda a trazer ainda mais trabalho.

> A intimidade – corporativa e pessoal – pode revelar e selar mais oportunidades.

> O papel de um líder é desmanchar feudos e panelinhas internas, criar conexões e garantir bons resultados.

7

Como estruturar reuniões e conversas com os clientes – a técnica ERVA

Como se costuma dizer: "Quando um não quer, dois não brigam." Mas alguém tem de ser o líder. É responsabilidade sua liderar a reunião **NASA**. Nessa reunião, é vantajoso seguir o formato lógico utilizado por muitos consultores eficientes. Isso servirá para guiar a conversa, para que ela se mova no sentido de o cliente tomar uma atitude, agir sobre as questões que você levantar e sobre os conselhos que lhe der. A isso dá-se o nome de "a arte de vender".

A arte de vender costuma ter má reputação. Isso acontece, basicamente, porque muitas pessoas a associam às práticas duras e duvidosas praticadas por vendedores que batiam de casa em casa, com insistência, nas portas de camada dupla das residências, e também nos pouco confiáveis vendedores de carros usados. Por causa disso, as pessoas associam a arte de vender a pés colocados na porta das casas, para impedi-las de serem fechadas na cara do vendedor, ou golpistas bem-falantes que empurram produtos de qualidade inferior para pessoas que não precisam deles ou não os desejam – ou seja, pouco mais que trambiqueiros e aplicadores do conto do vigário.

Embora seja verdade que existam por aí pessoas que se comportem desse jeito, as práticas estão a milhões de quilômetros da arte de vender do tipo consultiva, desenvolvida por um verdadeiro profissional. A arte de vender é, essencialmente, a habilidade de descobrir o que alguém precisa e satisfazer essa necessidade, ajudando o consumidor a conseguir o que quer. Muitas das técnicas que explicamos neste livro podem fazer com que esse processo ocorra de forma metódica e organizada.

Para compreender como os trabalhos de consultoria em vendas funcionam, devemos, antes de qualquer coisa, desconstruir o processo. Em primeiro lugar, descrevendo o sistema de quatro etapas por meio do qual você pode fazer uma apresentação cativante. (Esse é o processo sequencial que explicamos na seção **Assuntos relacionados à área de negócios de clientes** e utilizado na segunda parte da reunião **NASA**, que você terá a cada trimestre com o administrador do seu cliente.) Em segundo lugar, usando exemplos desse processo nas situações diárias com as quais todo mundo se identifica – não para banalizá-lo, mas para ajudar você a perceber que ele não é difícil nem assustador. Você precisa apenas compreender como ele funciona, para praticá-lo com seus clientes.

Você alcançou o estágio da reunião **NASA** trimestral em que deseja revelar ao cliente as duas ou três ações que acredita que precisam ser tomadas nos próximos meses. Mas como construir essa parte crucial da reunião? É aqui que entra a técnica **ERVA.**

ERVA

Evidências e fatos a respeito da situação em que o negócio se encontra.

Resultados e oportunidades que resultam dessas evidências e fatos.

Vontade de fazer algo utilizando *seus* serviços.

Ação necessária para remediar ou capitalizar em cima da situação.

Evidências e fatos

Nesse ponto você apresentará os fatos que estão diante do negócio do seu cliente, do jeito que você os vê.

Resultados e oportunidades

Nesse ponto você deve demonstrar o custo de não fazer nada a respeito da situação que identificou. Até que ponto a situação atual está afetando os negócios do cliente e o que acontecerá se as coisas continuarem do jeito que estão, ou piorarem? Esses são os cenários que lhe darão o devido contexto para qualquer recomendação que você queira dar.

Vontade

Expanda a vontade que o cliente tem de adquirir seus serviços oferecendo-lhe provas de sua competência, o incentivo especial de algum tipo, ou algum serviço extra que propicie valor agregado.

Ação

Somente agora, depois de ter discutido todos os argumentos, explicado toda a situação, examinado os prós e os contras de cada cenário em particular e discutido diferentes estratégias para atacar de frente o problema, você deverá apresentar suas recomendações.

A maioria dos vendedores sem experiência, bem como todas as abordagens de venda ineficazes, pulam direto do estágio 1 – Evidências e fatos – para o último estágio. Eles perdem por completo os estágios intermediários, que são vitais.

Os estágios intermediários são os que dão **contexto** à sua solução. Se você perdê-los, acabará em uma situação em que já estabeleceu que existe um problema, mas não falou dos custos envolvidos. Essa é uma questão nem mais nem menos urgente ou tangível do que as outras que estão sobre a mesa do cliente naquela semana. Sem um contexto financeiro, não haverá obrigatoriedade alguma de tomar uma atitude. O propósito do segundo estágio, em particular, é focar a atenção do cliente na magnitude da questão e mostrar que os custos da solução que você propôs são, comparativamente, insignificantes.

A técnica ERVA na prática

Vamos pegar o exemplo real de uma organização especializada em maximizar as vendas dos clientes em seus pontos de venda no varejo. Com base na premissa simples de que "se o seu produto não estiver lá, não poderá ser comprado", essa empresa atende às necessidades de muitas das maiores fábricas da Europa e da Ásia. Um de seus clientes é um gigante da área alimentícia. No decorrer de um dia comum de trabalho, essa companhia de marketing de campo visita centenas de pontos de venda todos os dias. Os consultores de campo analisam quais produtos estão ou não expostos nas prateleiras. Em seguida, passam a pesquisar o que está impedindo esses produtos de chegarem ao consumidor final, nas gôndolas. No caso desse cliente em particular, eles descobriram que em muitos pontos de venda de determinada cadeia de supermercados havia um problema grave: 10% dos produtos estavam fora de estoque. Ou seja, 10% dos produtos que deveriam estar nas gôndolas, não estavam.

A companhia de marketing decidiu investigar o problema a fundo e visitou lojas pertencentes a outras duas cadeias de supermercados. Nesses locais, eles descobriram produtos em falta na ordem de 12% e 15%, respectivamente.

Voltaram, então, ao cliente e apresentaram os fatos. Mas não sugeriram de imediato o que pareceria ao cliente, a essa altura, uma solução muito dispendiosa – uma pesquisa cruzada em um grande número de pontos de venda. Em vez disso, analisaram os resultados e as oportunidades do jeito que estava a situação e mostraram algumas das implicações monetárias com diferentes cenários, informando quais seriam as perdas em lucratividade nos diferentes níveis dos produtos que estavam fora de estoque. Cada 1% de produtos fora de estoque representava uma perda de lucros na faixa de US$ 50 mil dólares por mês. Portanto, uma falta de estoque na faixa dos 10% representaria uma perda de US$ 500 mil por mês em vendas. Se essa situação continuasse ao longo do trimestre seguinte, a empresa de comestíveis poderia perder até US$ 1,5 milhão em lucros.

A apresentação desses diferentes cenários ajudou o cliente a compreender que ficar sem fazer nada não era uma boa opção. De forma crucial, essa apresentação forneceu um contexto financeiro consistente, abrindo caminho à proposta dos consultores para remediar a situação. Então, os consultores e a empresa de comestíveis se sentaram para chegar a uma solução. Isso levou a um contrato para a empresa de consultoria que foi ainda maior do que o contrato inicial. Isso não só resultou em mais contratos com a fábrica de comestíveis, como também abrangeu o portfólio de todas as marcas do cliente, com sucesso, se considerarmos que o contrato inicial era apenas para atender a uma divisão.

O processo ERVA leva a contratos MAIORES e mais numerosos. Pratique-o e use-o sempre.

8

A história do empreiteiro: a técnica ERVA em prática

Vamos transferir a teoria para o contexto do dia a dia. Tomemos o exemplo de um empreiteiro que esteve em sua casa para fazer um orçamento. Suponhamos que você queira juntar dois cômodos pequenos e transformá-los em uma sala ampla, para tornar sua casa mais espaçosa e clara. Como dono da casa, você tem várias opções, e uma delas é executar a obra por conta própria. Você deve analisar se as habilidades na área do "faça você mesmo" estão em dia. Se achar que elas estão à altura do trabalho, a despesa será mínima e a mão de obra, grátis. Os únicos custos serão uma marreta para colocar abaixo a parede divisória, alguns tijolos, cimento para o acabamento no espaço onde a parede ficava, um pouco de gesso, alguns pincéis e uma lata de tinta. Somando tudo, a despesa não vai passar de US$ 300. Não muito, na verdade.

Então, algumas dúvidas entram em cena. Será que você é bom o bastante para encarar um trabalho de pedreiro, ainda que seja simples? Por precaução, você decide chamar um empreiteiro para solicitar um orçamento.

O empreiteiro chega. Ele vai guiá-lo através de uma conversa estruturada pelo processo **ERVA**. A coisa vai ocorrer mais ou menos do seguinte modo:

Ele vai lhe perguntar o que você *quer*. Você vai explicar com clareza sua visão da sala toda remodelada e como ela vai ficar, vai explicar que terá mais luz, que deseja que ela seja pintada de branco e que está pensando em instalar um piso de tábua corrida em carvalho ao longo de todo o aposento. O empreiteiro vai ouvir com atenção cada detalhe.

Em seguida, ele irá até a parede em questão, aquela que separa os dois cômodos. Vai se afastar um pouco e examiná-la por vários ângulos e distâncias diferentes, observando as quinas, alisando as superfícies, agachando-se para observar de perto os rodapés e o acabamento do piso acarpetado, dando tapinhas, batendo de leve e medindo todas as superfícies enquanto analisa o tamanho da tarefa proposta. Em seguida, ele passará para o outro cômodo e repetirá tudo, exatamente do mesmo jeito. Depois, subirá para examinar as paredes que ficam imediatamente acima dos aposentos que você pretende unir. Por fim, sumirá pela escada que leva ao porão por alguns minutos, a fim de estudar o trabalho a ser feito na parte que fica abaixo dos dois aposentos.

Por que ele faz tudo isso? Porque necessidades e desejos são, muitas vezes, coisas completamente diferentes. Ele ouviu o que você queria fazer, mas o trabalho dele, e também obrigação, é lhe mostrar aquilo que você *precisa*. Essa não é uma obra simples. Ela envolve trabalho na parte estrutural da casa, e a próxima tarefa dele é ajudar você a compreender o porquê de as coisas serem assim.

O empreiteiro passa, então, à fase em que vai confrontar você com os fatos. Vai informá-lo a respeito do material necessário e o estilo de construção adotado nessa parte da casa; vai apontar as áreas de estresse em que o peso é distribuído na parede que você quer remover. Vai colocá-lo a par da necessidade de fazer esse trabalho de forma correta, a fim de preservar a integridade da estrutura de tijolos. Provavelmente, vai descascar um pedacinho da parede para mostrar o quanto o material é sólido e o trabalhão que será demolir tudo. Faz isso para colocar você frente a frente com os fatos exatos da empreitada.

Então, ele vai jogar sobre você a cartada final: essa parede é uma parede mestra, que carrega sobre si o peso de todos os andares e parte do telhado.

O empreiteiro completou o primeiro passo do processo **ERVA**. Reuniu as evidências (E). Agora, ele precisa contar a você tudo o que descobriu, a fim de levá-lo para a segunda fase do processo. Ele segue explicando os resultados (R) de uma obra malfeita.

Repare que ele não vai direto para a solução, nem pretende assustá-lo logo de cara, estimando um valor absurdamente alto pelo serviço. Isso seria totalmente inapropriado, a essa altura da consulta.

Em vez disso, ele vai compartilhar com você os resultados e as oportunidades dessas informações. A essa altura do campeonato sua magnífica visão de um espaço amplo e claro no coração da sua casa acabou de se desfazer no ar em meio a uma nuvem de poeira. Em pensamento, você vê sua casa inteira se desfazendo logo depois da primeira marretada. Em menos de dez minutos o empreiteiro tirou você do estado de sonho e bem-aventurança e o colocou diante do maior pesadelo para o dono de uma casa. Ele o ajudou a perceber que o custo do serviço malfeito não será US$ 300, mas US$ 300 mil! A isso chamamos de construir o contexto de preço, e os empreiteiros são excelentes nisso.

Desse modo, quando o empreiteiro chegar ao ponto de lhe informar o orçamento para que esse serviço seja feito de forma apropriada, você estará julgando o preço dado em comparação com os US$ 300 mil, e não com os US$ 300. Mas ele ainda não chegou nesse estágio. Antes disso, vai falar das opções e das oportunidades de fazer esse trabalho com competência e do modo correto.

Nesse estágio, o empreiteiro que tem, como todas as pessoas em qualquer profissão, um conjunto completo de palavras e terminologia técnica, vai atirar todo esse jargão sobre você. Esse é o único momento do processo em que o uso do jargão técnico é apropriado. Em qualquer outro lugar, isso é bobagem e deve ser evitado a todo custo. Esse, porém, é o momento certo de usá-lo. Porque é nesse momento que o empreiteiro vai especificar o que precisa ser feito.

A linguagem que o empreiteiro usa para dar suas explicações nessa fase é sempre técnica. Ele vai falar com muita empolgação a respeito do passo a passo do que precisa ser feito a fim de chegar ao resultado esperado sem comprometer a integridade estrutural da residência. Ele vai falar sem parar a respeito dos diferentes materiais que poderiam ser empregados, da necessidade de utilizar vergalhões de aço, estrutura reforçada, piso em laje estruturada com tijolos de concreto, junções articuladas, estruturas em alvenaria e uma gama de elementos aparentemente obscuros que não significam nada para você. Não que você tivesse obrigação de entender, pois o uso do linguajar técnico serve para demonstrar que você não conseguirá fazer o trabalho sozinho e precisa de um especialista. Portanto, se você acha que o empreiteiro está sendo tedioso falando de minúcias, nem desconfia de quanto está sendo chato, sua ficha é que não caiu. Na verdade, ele está provando que você precisa dele.

E agora que ele levou você através de todo o processo, o que aconteceu com a expectativa de preço? Certamente, será menos de US$ 300 mil, mas muito mais do que os US$ 300 iniciais!

Agora que o profissional colocou você para pensar profundamente sobre o trabalho, e de forma realística, ele vai ampliar a sua vontade (V) de adquirir os serviços dele. Desde a primeira descrição do que você queria, ele prestou atenção à sua ideia de instalar um piso de tábuas corridas em carvalho no novo ambiente. Perguntará, então, se você poderia retirar o carpete das salas antes de sua equipe chegar para trabalhar. Você, como é uma pessoa ocupada, provavelmente vai perguntar se os homens dele poderiam retirar o carpete e jogá-lo fora para você. "E o senhor vai providenciar o material para instalar o piso de tábuas corridas para quando terminarmos a obra?", ele vai querer saber.

Ele está apenas lembrando você sobre seu sonho original, recriando sua visão do resultado final, como se tudo já estivesse praticamente pronto. Mais uma vez, você, provavelmente, não terá ido tão longe no planejamento, e ele espera que você pergunte se ele poderá ajudar. Ele, provavelmente, dirá que conhece um excelente instalador de tábuas corridas, mas essa pessoa está sempre com a agenda lotada. Mesmo assim, ele vai ver o que pode fazer.

Nesse momento, nunca antes, o empreiteiro vai especificar a lista completa das ações (A) necessárias e vai lhe dar um preço. E quer saber de uma coisa?... Você vai se sentir grato ao empreiteiro, de coração, porque ele terá feito um excelente trabalho, levando-o através de todo o processo de descobertas que nada mais é do que o exercício, no mais alto nível, da arte de vender.

O esquema ERVA funciona muito bem no dia a dia, para se lidar com clientes

Muitas vezes, seu cliente lhe telefona e pergunta se você poderia ajudá-lo em um assunto urgente. Diz que sente muito por jogar essa batata quente em seu colo no último minuto, mas afirma que o chefe dele solicitou pessoalmente uma análise completa do risco financeiro em uma aquisição que os diretores planejam realizar, e ele precisa levar esses dados para a reunião de diretoria na próxima segunda-feira. Isso acontece numa sexta-feira. Você sabe que esse cliente, o tesoureiro-chefe, sabia muito bem que isso era para ter sido providenciado há dez dias, mas deixou para jogar tudo em cima de você com 72 horas de prazo. Como você é um profissional prestador de serviços competente e extremamente leal, qual é sua reação automática e imediata (ainda que feita com os dentes rangendo, de tanta raiva)?

"Tudo bem, sem problema", você se escuta dizendo ao telefone. E acaba trabalhando o fim de semana todo para entregar o serviço a tempo. Na semana seguinte, você envia a fatura por esse árduo trabalho, realizado em pleno fim de semana, e no momento em que ele chega ao destino, você recebe uma ligação irada do cliente.

"Você me disse que não haveria problema! Pois saiba que uma fatura de US$ 25 mil *é* um problemão. Não vou pagar por isso. Você nunca mencionou essa quantia. Se você tivesse me dito que isso custaria tão caro, eu teria procurado outra pessoa."

Se o empreiteiro do caso anterior trabalhasse em sua empresa e fosse chamado por um cliente valioso no último instante para executar um serviço às pressas, o que ele diria?

Pois ele diria o seguinte: "Deixe-me ver se compreendo o que o senhor quer." Ele repetiria tudo o que você lhe disse, passo a passo. "Hummm. Acho que *talvez* eu consiga preparar tudo nesse prazo, mas deixe-me dizer o que isso vai acarretar." Ele, então, explicaria a respeito da realocação de recursos, tirar pessoas de outras tarefas importantes a fim de acomodá-las nesse serviço urgente, depois de uma dura negociação com o chefe designado para o setor de otimização de serviços da Corporate Solutions, que iria tentar lhe conseguir um analista com boa qualificação para trabalhar durante todo o fim de semana. Ele mostraria ao cliente que tudo isso representa uma tarefa hercúlea, não é um simples caso de "Tudo bem, sem problema". Por fim, esse trabalho seria enviado ao cliente com uma etiqueta de preço que pareceria razoável. Desse jeito, não haveria surpresas desagradáveis, o cliente acabaria sendo bem-servido e conseguiria o que desejava. E você também.

9

Descubra o momento certo para pedir mais trabalho

Dizem que o segredo da boa comédia é o timing. Pois saiba que o timing também é um fator importante na hora de conseguir que o cliente diga "sim" à sua proposta. Avalie o timing de forma correta e toda a preparação e o trabalho duro que será levado para a reunião com o cliente vão gerar belos frutos; analise o timing de forma errônea e a conversa pode acabar em segundos. Saber o momento certo é o segredo do sucesso.

Quando pedir?

É espantoso que tanta gente espere até o fim de um projeto para perguntar ao cliente se existe outro trabalho que ele precisa que seja feito. Existem momentos muito mais eficientes para sondar isso. O começo de um novo relacionamento ou de um novo projeto (assunto que abordamos no Capítulo 7, no tópico "Tivemos só um contato rápido com o cliente. Não é bom parecer que estamos forçando a barra") é a hora ideal, porque o cliente vai considerar seu pedido como fome de vencer, e não gulodice, e também porque estará disposto a perdoar qualquer falta de tato nesse início de relacionamento. Depois dessa fase, todos vão esperar que você conheça as regras, pois já estará estabelecido.

O meio de um trabalho também é um excelente momento para perguntar o que mais você pode fazer pelo cliente. O motivo é simples. No meio do serviço ainda existe um senso de empolgação, expectativa e antecipação. Como sabemos, as expectativas são quase sempre superiores ao que deixamos transpirar externamente. No meio do trabalho, não existem surpresas malrecebidas, não há custos inesperados, nem faturas inaceitáveis. O estado psicológico propício para novos gastos, quando estamos no meio de um projeto, é favorável e otimista. Existe uma sensação de seguir em frente a todo vapor, uma situação muito diferente do turbilhão de metas não alcançadas e desapontamento que *podem* surgir na atmosfera pós-projeto. Portanto, se você der ao cliente um **tratamento de CALOR** no meio de um projeto, a chance de conseguir uma reação favorável será muito maior, pois você estará em uma espécie de crista da onda, em pleno entusiasmo do cliente por ele ter a chance de trabalhar com você quando tudo funciona às mil maravilhas.

O tratamento de CALOR (como sacar uma ideia nova que será usada depois)

Pense nas coisas deste jeito: se você oferecer uma grande festa para comemorar seu aniversário em casa e tiver contratado um serviço de bufê, como se sentirá durante a festa em comparação com o instante em que todos os convidados tiverem ido embora, no fim do evento? Certamente, você se sentirá muito diferente nesses dois momentos.

No fim da festa, há uma enorme sensação de anticlímax. Todo mundo foi embora, há muita sujeira que precisa ser limpa, sem falar nas cartas que devem ser escritas em agradecimento pelos presentes que todos trouxeram; uma de suas caríssimas luminárias está quebrada e você tem a leve suspeita de que autorizou o *barman* a abrir uma dúzia de garrafas de champanhe a mais do que as encomendadas. Em tudo e por tudo, é uma dor de cabeça literal e metafórica.

Contraste isso com seu estado de espírito anterior, nessa mesma noite, quando a festa estava bombando. Você passava rapidamente de convidado em convidado, indo de um grupo a outro. A sala estava cheia de gente, cheia de vida, com o zum-zum-zum de muita animação e conversas entusiasmadas. Os garçons atendiam às pessoas de forma impecável, cuidando para que o copo de nenhum convidado permanecesse muito tempo vazio, e os canapés e salgadinhos circulavam o tempo todo. Todos os seus amigos o parabenizavam pelo aniversário e pela festa fantástica, e comentavam o quanto sua aparência estava ótima. Todo mundo ria e se divertia. Era uma grande festa, e você estava eufórico.

Se você fosse o responsável pelo bufê, em que momento iria fazer uma abordagem para conseguir novos negócios?

Ele, provavelmente, puxaria você meio de lado em meio à festa, perguntaria se tudo estava correndo de acordo com o planejado e se você estava satisfeito com o serviço. Fascinado pelo sucesso de sua festa e em alto-astral devido à experiência, você afirmaria que tudo estava não apenas ótimo, mas verdadeiramente soberbo! Você iria cobrir de elogios os funcionários do bufê e a comida servida. Nesse momento, o dono do bufê lhe perguntaria, baixinho, se você planejava oferecer outra festa como aquela mais para o fim do ano. Esta pergunta, explicaria ele, é porque a agenda do bufê está quase completa e ele quer ter certeza de que nenhum cliente valioso ficará sem atendimento. Você diz que ainda não pensou em dar nenhuma outra festa, principalmente com tanta antecedência, mas, sim, talvez seja uma boa ideia. Ele concorda com a cabeça e diz que vai deixá-lo curtindo a noite, mas avisa que ligará na segunda-feira para confirmar novamente se você ficou satisfeito com tudo e montar os planos para a próxima festa.

Você acaba de receber o **tratamento de CALOR**. Usado de forma criteriosa e no momento certo, ele serve para abrir as portas para conversas potencialmente mais vantajosas.

Organize seu tempo!

Outro momento eficiente, em termos táticos, para se ter uma conversa a respeito de novas iniciativas é o último dia útil da semana. As pessoas gostam de listas, especialmente no trabalho. Os cursos de gerenciamento de tempo falam da necessidade de determinar alvos fixos e objetivos definidos, priorizar esses objetivos e monitorar o progresso regularmente. Em outras palavras, faça uma lista do que você precisa fazer, vá checando cada item à medida que for alcançando o resultado desejado e monte uma nova lista para a semana seguinte. A maioria das pessoas parece trabalhar melhor com o planejamento feito uma semana de cada vez – esse é o limite de tempo ideal para elas organizarem as coisas no trabalho.

Como você poderá usar esse hábito de determinação de prioridades em seu benefício?

Segunda-feira é dia de ação. As pessoas tendem a chegar ao escritório para fazer um levantamento da carga de trabalho que têm para a semana. Geralmente, isso lhes dá uma sensação de "zerar o cronômetro". Elas conseguem ver o que vai acontecer nos cinco dias seguintes, sabem o que precisarão alcançar e entram no clima de "vamos nessa!". Segunda-feira é um dia adequado para lançar sua iniciativa na agenda do cliente.

Na sexta-feira, todos estão em clima de revisar-e-planejar. O que foi alcançado? O que pode ser tirado da lista? O que continua pendente para a próxima semana?

Essa compulsão por organizar tudo e controlar o fluxo de trabalho pode ser usada para conseguir uma decisão do cliente ou ficar mais perto dessa decisão. Em uma sexta-feira à tarde – quinta à tarde, na cultura árabe –, as pessoas estão predispostas a tomar decisões, pois isso serve para tirar mais uma coisa de sua lista. Se você tiver um argumento bem-preparado que mostre a importância de agir sobre determinado problema que identificou, haverá maior possibilidade de conseguir um compromisso do cliente em uma reunião de sexta à tarde.

Mesmo que o cliente diga que precisa pensar melhor a respeito do assunto ou quer discutir o mesmo com algum colega durante o fim de semana, você estará mais perto de um compromisso por parte dele, e poderá ligar na segunda-feira de manhã, quando ele já tiver tido a chance de consultar outra pessoa ou ponderar sobre o assunto. Se você for disciplinado *de fato*, voltará ainda na sexta-feira ao seu escritório e lhe enviará um detalhado e-mail ressaltando as evidências factuais e prevendo os resultados disso, bem como as oportunidades, e especificando a solução que você recomenda. Depois, é só ligar para ele, na segunda-feira.

Resumo do Capítulo 3

Como ser mais eficiente com seus clientes

Evite cair na rotina devido ao tempo de relacionamento: a base do crescimento interno deve ser uma relação forte com o cliente. Isso significa não apenas cumprir os contratos assinados dentro dos padrões mínimos do que foi contratado, mas também se assegurar que o relacionamento continua vibrante e gratificante.

Passe o tempo certo com as pessoas certas: um dia passado com seu cliente no escritório dele ou em suas lojas pode ser infinitamente mais valioso do que um dia passado no seu escritório.

Compreenda seus clientes e o estilo profissional deles: fique ligado também em seu próprio estilo e aprenda a adaptá-lo ao estilo dos outros.

Pense além do dia de hoje: analise as necessidades de seus clientes a partir de novas e diferentes perspectivas.

Toda reunião necessita de um planejamento: use as técnicas **NASA** e **ERVA** para apresentar seu caso da forma mais convincente e no momento em que o cliente tiver tempo livre para discutir o assunto de forma apropriada.

Perguntar é fundamental: perguntas diferentes resultarão em tipos diferentes de respostas. Use a pergunta certa para conseguir a informação que você realmente precisa.

A noção de timing pode ser útil: agora é melhor que amanhã; mais cedo é melhor do que mais tarde.

10

Entre em ação agora!

Se você deseja alterar os resultados que anda obtendo, precisa fazer um esforço para *se modificar*. Esperamos que utilize as técnicas e habilidades sobre as quais escrevemos neste livro. Esperamos que entenda que vale a pena fazer um esforço para conseguir os melhores resultados a partir desse esforço. E se estiver interessado na filosofia completa de tudo o que dissemos, e em pouquíssimas palavras, aqui vai:

> Se você quer lucrar, aprenda a agradar.
>
> *(Winston S. Churchill)*

Este livro foi composto na tipologia Adobe Garamond Pro,
em corpo 10,5/14,8, impresso em papel off-white soft 80g/m^2,
no Sistema Cameron da Divisão Gráfica
da Distribuidora Record.